KB125148

NEXT TEACHER

NEXT TEACHER

4차 산업혁명과 위드 코로나 시대의
새 교사 모델

넥스트 티처

김택환 지음

에듀니티

추천사

코로나19로 인해 잃어버린, 일상의 소중함과 학교의 역할을 새삼 알게 되는 시기에 꼭 필요한 책! 코로나19 이후, 우리가 가야 할 교육과 미래 학교의 모습에 대한 화두를 던지는 책! 학교가 학교의 담장을 넘을 수 있도록, 위기의 오늘을 넘어 희망의 내일을 위해 우리 모두가 담쟁이가 되어야 한다는 큰 울림을 주는 책! 세상의 모든 아이가 행복했으면 좋겠다고 생각하는, 모든 이가 함께 읽으면 좋은 책으로 추천합니다.

_ 박경화(현천고등학교 교장)

누구나 한국 교육에 문제가 많다고 이야기하지만, 정작 교육이 자기 자녀의 이야기가 되면 그 순간 전방위 이종 격투기 선수로 돌변한다. 전국을 대치동 스타일이 휩쓸고, 크고 작은 스카이 캐슬 현상이 벌어진다. 그런데 갑작스러운 코로나19의 대유행과 함께 좋든 싫든, 교육은 전혀 다른 모습을 보이게 되었다.

이 변화의 현장을 기자 출신 연구자, 김택환이 그려냈다. 현장 속에서 그려낸 변화의 모습이 코로나에 지친 부모들에게 도움이 될 것이다. 온라인 수업에는 학교 폭력이 없다는 김택환의 발견이 아주 여운이 깊었다. 뒤로 갈 수는 없다. 한국 교육이 보다 창의적인 방향으로 변하길 바랄 뿐이다.

__ **우석훈**(경제학자,
《88만원 세대》, 《민주주의는 회사 문 앞에서 멈춘다》 등 다수의 저서를 출간했고
현재 두 자녀의 양육을 담당하고 있다.)

코로나 빅뱅,
교육이 핵이다

위드 코로나와 달라지는 세상

작년, 중국 우한에서부터 발생한 코로나19가 전 세계 187개국으로 전염되었다. 2,300만 명이 이상이 감염됐고, 80만 명 이상이 사망했다. 역병은 지구를 돌고 돌아 아직도 세계 각 곳에서 맹위를 떨치고 있다. 뉴질랜드 등 일부 국가에서 코로나 종식을 선언했지만, 점차 완전한 종식에의 전망이 어두워지면서, 세계적으로 '위드 코로나^with corona'라는 말이 회자되고 있다. 코로나19 확산 사태가 갑작스럽고 일시적인 재난 상황이 아니라 일상으로 자리 잡혀버린 현실을 받아들이고 그에 맞게 대응해나가야 한다는 것이다. 이러한 '코로나 빅뱅'

시대에 누군가는 도약의 기회를 잡고, 변화의 흐름을 주도하며 시대를 이끌 리더십을 펼칠 것이다.

코로나19는 우리 일상은 물론 경제·정치·사회·문화와 국제관계까지 큰 변화를 불러왔다. 특히 교육에 대한 전면적인 대변혁을 불러일으켰다. 초중고뿐 아니라 대학까지 전면적인 온라인 개학과 새로운 방식의 수업과 학습을 요구받고 있다. 한국 교육의 대변혁이 요구되고 있는 셈이다. 교육에 대한 근본적인 물음을 던질 때다.

포스트 코로나 시대, 교육이란 무엇인가?

원래 에듀케이션education이란 단어에는 '아이들의 안에 있는 그 무엇을 끄집어낸다'는 의미가 있다. 즉, 교육이란 아이들의 끼와 적성을 파악해서 행복하게 살 수 있도록 자아정체성을 만들어가는 과정이라고 볼 수 있다.

그러나 지난 대한민국 교육 100년 역사를 살펴보면 '교육원칙'에 충실하지 않았다. 과거 봉건왕조는 말할 것도 없고, 일제강점기의 황국교육을 넘어선 다음에도 복종하는 산업전사를 길러내기 바빴다. 민주화 이후에도 무한경쟁과 입시지옥에 매몰된 '신자유주의적' 교육이었다.

지금까지의 대한민국 교육은 3세계 식민지에서 산업후발국가로서 '패스트 팔로우', 즉 '붕어빵 찍어내기'식으로 가르치는 훈육과 시험 중심의 교육이었다. 그 뒤에는 학교를 돈·권력의 출세와 탐욕의 통로로 이용하며 끊임없는 실험으로 괴물로 만들고 있는 정치 관료들이 있다.

'개천에 용 난다'는 말은 이제 사라졌다. 교육이 기회가 아닌 학벌로 변질돼 특권이 되고 그 특권이 대물림되는 현실이다. 부모의 돈과 권력에 따라 자녀의 학교와 대학 입학이 좌우되는 사회가 됐기 때문이다. 교육은 새로운 기회가 아니라 악마적 속성이 있는 돈과 권력의 시녀로 변질되는 중이다. 그 자리에서 돈이 위력을 발휘하는 사교육이 판치고 있다. 교육의 주체인 학생과 선생님은 소외당하고, 뒤틀린 국가 공권력과 사회 시스템이 이를 억압하고 있는 형국이다.

코로나19를 교육 도약의 기회로!

전 세계를 강타한 코로나19는 현재 선진국과 개발도상국, 부자와 가난한 자, 여성과 남성을 가리지 않고 덮치고 있다. 하지만 코로나19에 대한 대응은 나라와 정치 리더마다 큰 차이를 보인다. 대한민국은 'K-방역'이라는 말을 들을 정도로 선방하고 있다.

코로나 이전의 세계와 코로나 이후의 세계는 큰 차이를 보일 것으로 전망한다. 전문가들은 코로나19와 관련해 '인류 역사의 전환점' 혹은 '대변동', '기존의 패러다임의 종말과 새로운 표준' 등 새로운 키워드 등을 던지고 있다. 위기 극복을 위해 새로운 상상력과 창조적 전략이 필요하다. 코로나19 이후 지구와 인간 삶이 어떻게 바뀔지 전망하는 것이 무엇보다 중요하다. 새로운 환경에 창조적으로 대응하기 위함이다.

코로나19의 위기가 대한민국 교육 정상화의 기회가 될 수 있다. 포스트 코로나와 4차 산업혁명 시대에는 더 이상 선진국을 모방하는 암기식 시험 위주의 '패스트 팔로우' 교육은 통하지 않는다. 새로운 시대와 표준을 열어가는 '퍼스트 무버'로 도약하기 위해 창의, 연대, 문제해결 능력을 배양하는 교육이 필요한 시대다. 이를 위해 교육이 앞으로 어디로 가야 할지에 대한 선생님들의 성찰과 화두가 필요하다. 시대정신 파악, 문제의식, 그리고 성찰과 학습을 통해 자기완성과 행복 찾기를 위함이다.

다행히도 대한민국에서도 새로운 인재 양성 모델들이 나타나고 있다. 대표적인 사례가 컬링의 영미와 BTS다. 비록 서울의 메이저 대학을 졸업하지 않았지만, 기회가 주어지자 세계와 어깨를 나란히 한 대한민국의 청년들이다.

교육 선진국, 독일을 넘어서

대한민국 청소년들은 교육에서 평등한 기회만 주어진다면 충분히 뭔가를 해낼 수 있는 역량이 있다. 학생 천국이라는 이야기를 듣는 독일에는 입시지옥, 사교육비, 대학등록금이 없다. 그뿐 아니라 중산층 이하 학생들에게 생활장학금인 '바펙[Bafoeg]'을 준다. '돈이 없어 공부 못하는 나라가 되어서는 안된다'는 원칙 때문이다. 천연자원이 풍부하지 않으니 인재부국의 길을 가려 노력하는 것이다. 대한민국 역시 인재부국으로 가야 한다.

대한민국에 주어진 시간이 그리 많지 않다. 환경변화, 인구절벽, 4차 산업혁명에다가 코로나19 등 세상의 판을 바꾸는 거대한 메가트렌드가 '퍼펙트 스톰'같이 몰려오고 있다. 대한민국은 교육혁명이 일어나야지만 미래가 있다. 교육 콘텐츠, 교육 방식, 교육 제도, 그리고 사람에 대한 인식과 투자가 필요하다.

앞으로 '우리 선생님이 행복하고, 이어 우리 아이들이 행복한 교실과 학교'가 많아지길 바란다. 독일을 뛰어넘을 수 있는, 대한민국 교육의 새 판 짜기를 기대한다.

종로구 평창동 북한산 밑에서

김택환

4차 산업혁명 시대의
교육혁명

4차 산업혁명 시대의 교육

"'누가 무엇을 어디에서 가르칠 것인가?'는 4차 산업혁명 시대 우리의 과제이다. 또, 코로나19로 인한 비대면 교육(온라인 교육)의 문제와 교육 격차를 해결해야 한다. 더불어 나중에 피해 입을지도 모르는 '코로나19 세대'를 위한 대책도 준비해야 한다."

21대 총선 기간인 2020년 4월 10일, 50만 교사의 네트워크인 에듀니티 사무실을 방문한 이낙연 의원의 말이다. 한국 교육에 근본적으로 문제를 제기하고, 방향을 제시한 것으로 볼 수 있다. 코로나19 이후에 교사의 역할과 교육 콘텐츠에 관련된 화두라고도 할 수 있겠다.

최초의 산업혁명은 250년 전, 영국에서 시작했다. 이른바 1차 산업혁명이다. 1차 산업혁명은 '증기' 에너지로 움직이는 방직기계의 발명으로 인간의 근력 노동을 보완했다. 미국에서 시작된 2차 산업혁명의 상징은 '전기' 에너지에 기반을 둔 새로운 생산양식인 어셈블리 라인assembly line, 자동화와 기계화다. 3차 산업혁명은 미국과 유럽에서 시작해 컴퓨터와 인터넷의 발전으로 이어졌다. 제품 생산에 본격적으로 로봇이 투입됐다. 컴퓨터가 일자리를 대체하기 시작한 것이다. 이때부터 단순 노동 인력보다 전문 인력이 필요해졌다.

독일에서 시작된 인더스트리 4.0은 '스마트 팩토리smart factory', 즉 똑똑한 생산 공장이 목표였다. 제조업과 융복합된 사이버 물리학과 디지털 기술로 고객의 요구를 만족시키는 제품 제작의 자동화를 추구한다. 추동력은 자율학습하는 인공지능, 네트워크 경제, 사물인터넷 등에서 나온다. 다보스 포럼을 이끄는 클라우스 슈밥Klaus Schwab 회장은 2016년 처음으로 독일의 인더스트리 4.0을 차용해서 '4차 산업혁명'이라는 용어를 사용한다. 이후 대한민국이 가장 적극적으로 4차 산업혁명이라는 용어를 내걸지 않으면 행사가 되지 않을 정도로 적극적으로 사용하고 있다. 새로운 생산 방식의 시대가 열리는 중이다.

새로운 시대에 필요한 인재와 혁신은?

전문가들은 4차 산업혁명 시대에 필요한 인재의 조건으로 한결같이 네 가지 요소를 꼽는다. '문제해결 능력, 창의 역량, 협력 정신, 글로벌 마인드global mind'다. 《사피엔스》(김영사, 2015)로 유명한 유발 하라리Yuval Noah Harari 교수와 마이크로소프트의 창업자 빌 게이츠Bill Gates도 동의하는 내용이다. 지금의 한국같이 암기식이자 입시 위주의 교육으로는 미래가 없다.

제도 교육권 안에서 나이 등 인구사회학적으로 학생들은 이미 정해져 있다. 이낙연 의원의 말처럼 이제는 '누가 무엇을 어디에서 가르칠 것인가'가 중요하다. 교사의 혁신, 교육 콘텐츠의 변혁, 그리고 교육 장소의 변화 등을 말한다.

새로운 시대에 걸맞은 창의적인 인재를 기르려면 실험이 필수다. 실패해도 괜찮다. 끊임없는 도전으로 새로운 방안을 터득할 수 있기 때문이다. '실패는 성공의 어머니'라는 격언도 있지 않은가! 실패를 두려워해서는 새롭고 창조적인 방안을 생각해낼 수 없다.

4차 산업혁명 시대에는 암기식 교육이 아니라 스스로 깨우치는 방법과 지혜를 교육해야 한다. 미국, 독일, 프랑스 등 선진국들에서는 이미 교육의 패러다임 전환Paradigm shift이 시작됐다. 대한민국의 교육혁명도 크게 다섯 가지 차원에서 제시하고자 한다.

먼저 '교육철학 혁명'이다. 암기식 시험과 무한 경쟁의 입시에서 벗어나고, 오히려 절대 평가, 주관식 문제, 학생 협업이 교실에서 이뤄지는 것이다. 4차 산업혁명 시대의 인재는 협업 능력도 뛰어나야 한다. 학급 내 동급생이 경쟁 상대가 아니라 협업 친구라는 마인드 형성이 필요하다. 4차 산업혁명의 특성이 여러 기술과 산업의 융복합이기 때문이다. 문제를 혼자 해결할 수 없고 협업으로 해결 방안을 찾아갈 수 있을 뿐이다.

코로나19로 인해 협업이 얼마나 중요한지 우리는 새삼 깨달았다. 대한민국의 코로나19 대응이 세계적으로 높이 평가받을 수 있었던 저력은 일선의 의사와 간호사, 방역 담당의 공무원, 모바일과 은행 카드사의 협력까지 융복합된 기술과 협력 덕분이다. 코로나19가 우리 교육에 주는 교훈이기도 하다. 이제 다시 과거로 돌아갈 수 없다. 대한민국 교육은 어떤 선택을 할 것인가!

둘째, 학생 개개인의 끼와 적성을 발굴하는 개별화 학습으로 전환이 필요하다. 교사 중심의 칠판 교육에는 미래가 없다. 더 이상 교육의 핵심은 '티칭teaching'이 아니라 '코칭coaching'이다. 그러려면 학생의 자율적 학습이 가능한 플랫폼과 소프트웨어, 인공지능 기반의 학습 실험 등 대혁신이 필요하다. 이에 에듀테크edu-tech 기술 혁명부터 서둘러야 한다.

빽빽한 칠판으로 대변되는 주입식 교육을 넘어서 '디지로그digilog', 혹은 '블렌디드Blended'라고 불리우는 온라인 교육과 대면 교육의 융복합이 필요하다는 이야기다. 잘 활용하면 맞춤형 학습, 개개인의 적성과 역량 개발 학습이 가능하다. 미국과 독일은 이미 단행했다.

에듀테크 기술을 적극 활용하려면 민관협력의 새로운 생태계도 조속히 구축할 필요성이 있다. 미국과 영국 등에서는 민간에서 개발한 다양한 에듀테크를 학교에서 적용했다. 다양한 교육 엑스포와 콘퍼런스도 개최된다. 오히려 대한민국이 'K-방역'같이 'K-교육'을 새롭게 주도할 수 있다.

셋째, '프로젝트 기반 학습'으로의 진화이다. 교사는 시대정신이 반영된 과제를 내고 학생들이 스스로 해결방안을 찾아내는 교육 방식을 말한다. 창의성과 협업 의식을 길러내는 방식이기도 하다.

이는 곧 민주시민 교육과 연결이 된다. 사회적 비판 및 문제의식과 더불어 이를 해결할 수 있는 역량을 배워가고 깨우쳐가기 때문이다. 4차 산업혁명에 필요한 인재상이기도 하다.

넷째, 혁신 기술에 대한 역량을 갖추는 것이다. 인공지능, 빅데이터, 사물인터넷으로 대표되는 4차 산업혁명의 핵심 기술을 이해하고 다루는 능력을 말한다. 4차 산업혁명에서 앞서가는 인재가 되기 위함이다. 특히 코딩 역량이 중요하다. 산업 국가들이 필수로 코딩을 가르치는 이유다.

나아가 디지털 혁명 시대에 교사들이 스스로 디지털 역량을 강화하기 위한 노력과 정부의 지원도 필요하다. 실례로 코로나19 때문에 우리는 온라인 교육을 위한 디지털 리터러시가 얼마나 중요한지를 체험했다. 현재 교육부와 교육청이 개인 교사에게 지원하는 연 25만 원을 100만 원으로 올리는 방안이다. 교사의 디지털 리터러시가 탁월해야 학생들과 잘 소통할 수 있다. 학생들은 이미 디지털 네이티브 세대다. 온라인 교육에서 교사의 리터러시 능력에 불만이 나오기도 했다.

다섯째, 입시와 사교육, 대학 등록금 등을 철폐하는 제도적인 교육혁명이 필요하다. 독일 등 유럽 국가들처럼 학생들이 행복한 교육

현장을 말한다. 교육부를 없애고, 노무현 전 대통령이 제안한 대로 교육위원회 중심의 교육정책과 방안을 제시하는 변화가 필요하다. 교육의 민주화, 지방분권 시대에 적합한 교육의 다양성과 다원성을 실현하는 것이다.

선진 산업 국가에서 배우는 새 시대의 교육

선진 산업 국가들에서는 이미 교육의 '창조적 파괴'와 함께 새로운 인재 양성 모델들이 등장했다. 대표적으로 프랑스의 '에콜42', 독일 지멘스의 '사관학교Ausbildung'(일과 공부를 병행하는 이원적 학습방식) 등이 있다. 교수, 교재, 학비가 없는 모두 3무無 모델이다.

프랑스 에콜42는 교수, 교재가 없고 시설과 자재를 무료로 사용할 수 있다. 코딩 인재 양성을 위해 기업가가 투자한 아카데미로 수업 방식 자체가 문제해결에 중점을 둔다. 과제를 주면 개인 혹은 팀별로 문제를 풀어간다.

독일 지멘스는 한국의 사관학교같이 매달 월급(월 100~200만 원)을 주고 의료보험, 실업보험, 재해보험 등 사회보험도 지원한다. 이원적 교육인 셈이다. 지멘스 사관학교의 교육 역시 에콜42와 유사하게 과제를 주면 개인 혹은 팀별로 새로운 제품 혹은 모델을 만드는 방식이다. 문제해결 능력, 창의력, 협업 능력 배양이 교육의 목표이기 때문이다.

구글^{Google} 등 일류 기업들이 선호하는 이 교육 모델들은 대체로 3년제 혹은 3년 6개월 과정을 거친다. 그러나 일반적으로 학습 1년 이후 기업에 인턴으로 취업한다. 이후 이들은 학습을 지속하거나 학교를 떠나기도 한다. 일반 대학같이 정규 졸업에 얽매이지 않는다. 광주광역시와 서울특별시가 이를 벤치마킹해 진행 중이지만 아직은 몇 개월간의 학원식 운영에 그치는 듯하다. 에콜42처럼 교육혁신의 '메기' 역할을 할 모델이 한국에도 필요하다.

위기의 대한민국 교육, 앞으로는?

"비대면 교육인 온라인 개학, 여건이 좋아서나 정책이 훌륭하거나 인프라가 마련돼서가 아니라, 전국 교사들의 열정으로 가능했다."

페이스북에 아는 교사가 올린 글이다. 코로나19 국면에서 선생님들은 학생들과 함께 '위기를 헤쳐나갈 수 있음'을 보여주었다.

코로나19로 '사회적 거리두기'로 인한 온라인 개학은 초기에 일선 학교에 어려움과 혼선을 줬다. 500MB 정도의 학교 망으로 온라인으로 수업하기에는 역부족인 탓이었다. 문재인 정부는 학교 전체에 무선와이파이를 공약했지만, 망 구축 사업을 시행하지 못하고 있었다. 그런데 코로나19가 무선와이파이 구축을 가능케 만들었다. 영국은 2033년까지 학교 전체에 광 섬유망을 깔기로 했고, 독일과 프랑스 등 유럽 국가들은 디지털 장관직을 신설하기로 했다. 많은 나라가 디지털 교육환경 개선에 몰두하는 중이다.

포스트 코로나, 4차 산업혁명, 초저출산, 반세계화라는 파고를 헤쳐나갈 길은 바로 인재부국에 있다. 이제는 대한민국도 새로운 교육 패러다임을 가져야 할 때다.

차례

제2부

교육현장의 대변혁

– K-교육의
새로운 가능성

제3부

에듀테크 2.0과 새로운 인재 양성 모델

– 디지털 기기와
  리터러시로 무장한
  산업 허브

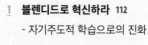

제4부

새 시대의
새 선생님

- 독일을 넘어서

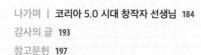

제1부

코로나19 이후
새 인재상

- 바이러스는 문명과 역사를 어떻게 바꿔놓는가?

"역사로부터 배우지 못하는 민족은 미래가 없다."

수많은 선각자가 후대에게 교훈 삼아 하는 말이다. 그렇다면 코로나19라는 재앙 앞에서 우리는 어떤 과거를 참고해야 하는가? 코로나19의 유행 이후, 많은 이가 알베르 카뮈[Albert Camus]의 소설 《페스트》를 떠올렸다. 전염병 '페스트'로 감옥이 된 도시의 모습을 생생하게 잘 그려낸 덕이다.

"한 가지의 감옥살이를 다른 한 가지의 감옥살이에 빗대어 대신 표현해보는 것은, 어느 것이건 실재로 존재하는 그 무엇을 존재하지 않은 그 무엇에 빗대어 표현해본다는 것이나 마찬가지로 합당한 일이다."

무인도에서 홀로 사는 삶을 표현한 소설 《로빈슨 크루소》로 유명한 다니엘 디포[Daniel Defoe]가 비교 상상력의 가치를 설명한 문장이다. 카뮈는 자신의 소설 《페스트》의 서두에서 이 문장을 전체의 상징 문장으로 사용한다. 1차 및 2차 세계대전의 경험을 '페스트'가 창궐한 도시와 빗대어 표현했기 때문이다.

코로나19로 여러 문제가 야기된 작금의 상황도 《페스트》로 분석함으로써 대응 방안을 찾을 수 있다. 비록 소설이지만 실제 14세기 유럽에 창궐한 페스트를 소재로 다뤘을 뿐만 아니라, 위기 앞의 다양한 인간군상을 생생하게 그려냈기 때문이다. 따라서 《페스트》로 인한 위기 상황에서 가장 중요한 것은 무엇이며, 극한의 상황에서 사람들이 어떻게 행동하는지 살펴보려 한다.

이와 더불어 카뮈의 공립학교 시절 에피소드를 통해 코로나19라는 위기 상황에서 선생님의 역할이 얼마나 중요한지, 또 우리가 양성해야 할 인재상은 무엇인지 알아보고자 한다. 마지막으로 세계적으로 호평받은 'K-방역'의 힘은 어디에서 나왔는지, 그 주역은 누구인지도 분석할 것이다. 교육에 원용하기 위해서다.

카뮈는 "위기 상황에서는 인간의 행동이 가장 중요하다"고 말했다. 팬데믹 이후 세상이 어떻게 변화할지는 아무도 확답할 수 없지만, 대한민국의 미래가 새 시대의 새로운 선생님상과 연결된다는 사실을 부정할 수 있는 사람도 없을 것이다. 지금의 대한민국처럼 특권과 반칙이 난무하는 사회일수록 더욱더 조용한 영웅이 필요한 법이다. 《페스트》에 나오는 의사 리유같이 말이다.

알베르 카뮈(김화영 옮김), 《페스트》(민음사, 2011)

1

소설 《페스트》에서
얻을 수 있는 시사점
조용하지만 위대한 영웅들

위대한 작가와 평범한 선생님

알베르 카뮈의 인생을 살펴보면, 평범한 선생님이 한 학생에게 기울이는 특별한 관심과 지원이 얼마나 세계사에 큰 영향을 미치는지 알 수 있다. 동네 공립학교 2학년 때 선생님인 루이 제르맹^{Louis Germain} 은 카뮈의 인생에 가장 큰 영향을 미친 사람 중 하나다.

사실 알제리 빈민가에 거주하던 카뮈는 상급학교에 진학할 만한 형편이 아니었다. 당시 알제리 하층민 소년들의 미래는 노동자로 정해진 것이나 마찬가지였다. 하지만 총명한 제자의 재능을 알아본 제르맹 선생님은 카뮈의 어머니를 끈질기게 설득했고, 카뮈가 입학시험을 볼 수 있도록 무료로 개인 교습을 해줬으며, 장학금을 주선해 상급 학교로 진학할 수 있도록 최선을 다했다. 선생님의 노력 덕에 카뮈는 중·고등부 장학생으로 입학함으로써 자기 인생을 개척해나갈 수 있었다.

항상 선생님에 대한 감사의 마음을 간직한 채 살아가던 카뮈는 1957년 12월, 노벨문학상 수상 연설을 하며 제르맹 선생님께 〈스웨덴 연설〉을 헌정했다. 한 선생님의 소박한 보살핌이 위대한 작가를 키워낸 것이다.

《페스트》의 인간 군상

카뮈의 대표작 중 하나인 《페스트》는 1947년 6월, 그가 서른네 살일 때 출간되었다. 《페스트》는 출간된 해 바로 '비평가상'의 수상작으로 결정되었고, '2차 세계대전 직후 최대의 걸작'이라는 호평을 받았다. 이 작품은 현재까지 오로지 프랑스어 판만으로 약 500여만 부가 판매됐는데, 코로나19가 전 세계적으로 유행하면서 새삼스럽게 사람들의 이목을 끌었다.

소설은 20만 인구가량이 거주하는 프랑스의 평범한 도시, 오랑에서 시작한다. 페스트 창궐 이후, 폐쇄된 오랑에는 공포와 두려움이 가득하다. 오랑 시민 모두가 마치 유배된 것처럼 전염병이 도는 도시 안에 갇히고, 전쟁 같은 감옥살이에 시달린다.

카뮈는 《페스트》에 오랑 사람들이 어떤 가치관으로 페스트로 인한 귀양살이를 극복해나갔는지 차분히 서술해나감으로써 어둠 속에서도 인류 보편의 사상과 철학이 빛남을 보여준다. 바로 사랑, 정직, 겸손, 강한 연대의식, 그리고 치우치지 않은 객관성이다. 아래 문장은 《페스트》의 마지막 장에 담긴 카뮈의 증언이다.

"그는 대개의 경우, 어디까지나 자기 눈으로 볼 수 있었던 것 이상의 일들은 보고하지 않도록, 그리고 페스트 시절을 함께 겪어온 사람들이 마음에 품고 있지도 않았던 생각들을 억지로 만들어내서 이야기하지 않도록, 우연히 혹은 불행한 인연으로 일단 자기 손에 오게 된 텍스트만을 활용하도록 노력했다.
모종의 범죄 사건이 생겨서, 그가 증인으로 불려 갔던 일이 있었는데, 그때에도 그는 선의의 증인이 마땅히 갖추어야 할 조심성 있는 태도를 버리지 않았다. 그러면서도 동시에 정직한 마음의 법칙에 따라 그는 단호하게 희생자의 편을 들었고 자신과 같은 시민들이 공유하고 있는 유일한 확신, 즉 사랑과 고통과 귀양살이 속에서 그들과 한 덩어리가 되고자 했다."

_392~393쪽

《페스트》는 '죽은 쥐들이 나타나는 징후'에서부터 이야기를 시작한다. 이후 발병, 확산, 절정, 슬기로운 대처로 페스트와의 전쟁에서 승리하기까지가 전체적인 줄거리다. 이 소설 속에는 위기 상황에서의 다양한 군상이 등장한다.

말없이 싸우는 과학자

첫째, 의사인 리유다. 리유는 정직하면서 약자를 위하고, 사람을 사랑할 줄 안다. 이야기는 리유를 중심으로 묘사되지만, 그렇다고 리유가 할리우드 블록버스터 영화 속의 주인공 같은 영웅은 아니다. 리유는 페스트와의 전쟁을 차분히 기록하는 증인이자 오랑의 침입자인 페스트와의 투쟁에 조용히 앞장서는 선봉장이다. 두려움과 공포의 도시에서 살아남은 미덕의 대표자다.

타루가 페스트와의 투쟁에 앞장서는 리유에게 "그 모든 것을 누가 가르쳐 드렸나요?"라고 질문하자 리유는 즉각적으로 "가난입니다"라고 대답한다. 리유가 카뮈의 분신임을 잘 보여주는 대목이기도 하다. 리유(카뮈)는 약자였기 때문에 더 약자를 위해 투쟁한다. "눈물 젖은 빵을 먹어보지 않은 사람과는 인생을 논할 수 없다"는 괴테의 말과도 일맥상통하는 대목이다.

두려움을 떨쳐낸 어머니

둘째, 리유의 어머니다. 어머니는 어느 시대, 어느 사회에서든 한결같이 말없이 헌신하는 표상이자 사랑의 상징이다. 며느리가 병으로 요양을 떠나자 어머니는 아들을 지키려 자원해서 페스트의 도시로 온다. 사랑과 용기로 두려움을 극복한 어머니는 새벽 2시에 집으로 돌아온 아들 리유를 맞이하고, 다독거리며, 위로한다.

현실에 참여하는 기자

셋째, 신문기자 랑베르다. 파리에서 취재차 온 그는 역병으로 도시가 봉쇄돼 오도 가도 못하는 신세가 되자 처음에는 수단과 방법을 가리지 않고 탈출을 시도한다. 그러다 고통과 고독한 도시의 불행을 보고 극적인 심적 변화를 일으켜서 오랑에 남아 환자 격리소에서 봉사한다.

> "나는 떠나지 않겠어요. 그리고 여러분과 함께 있겠어요."
>
> (……)
>
> 그러나 리유는 몸을 일으켜 세워 앉으며 무뚝뚝한 목소리로, 그것은 어리석은 일이다. 행복을 택하는 것이 부끄러울 게 무어냐고 말했다.
>
> "그렇습니다."
>
> 랑베르가 말했다.
>
> "그러나 혼자만 행복하다는 것은 부끄러운 일이지요."
>
> _272쪽

랑베르는 혼자만의 행복을 찾는 도피적인 인물에서 탈출하지 않고 보건대에 들어가 헌신하는 인물로 변화했다. 이기적인 인간에서 이타적인 인간으로의 대전환이다. 랑베르의 봉사는 훗날 보상받는다. 작품 말미에서 그는 파리에서 온 아내를 포옹하는 영광의 주인공이 된다. 랑베르는 해피엔딩을 맞이하는 상징적 인물이다.

랑베르 역시 리유와 마찬가지로 카뮈의 또 다른 분신이라고 볼 수 있다. 신문기자 출신인 카뮈는 기자의 역할을 누구보다 잘 알았고, 이를 랑베르를 통해 자신의 작품에 반영했다.

약자의 편에 선 리더

넷째, 정치적 정의를 추구하는 타루다. 타루는 검사의 아들이지만 아버지에 반기를 들고 정치 운동을 한다. 그는 폐쇄된 도시 오랑에서도 약자의 편에 선다. 그는 민간봉사대 조직에 앞장서는 보건대의 기수이기도 하다. 타루가 모은 보건대를 묘사하며 서술자는 이렇게 말한다.

> "세계의 악은 거의가 무지에서 오는 것이며, 또 선의도 총명한 지혜 없이는 악의와 마찬가지로 많은 피해를 입히는 수가 있는 법이다."

_176쪽

타루는 보건대의 역할에 영웅시하거나 과장하지 말라고 주문한다. 영웅심에 칭송하거나 웅변적인 칭송자가 될 생각은 없다며 헌신을 강조한다. 자신은 그저 할 일을 할 뿐이라고 말이다. 안타깝게도 타루는 페스트의 희생자가 돼 기록자의 역할을 끝까지 수행하지는 못한다.

길을 찾는 성직자

다섯째, 신부 파늘루다. 파늘루는 병마에 투쟁하지 않고, 초월적 태도를 취하며 페스트가 신의 징벌임을 설교한다.

"여러 형제들. 여러분은 불행을 겪고 계십니다. 여러 형제들, 여러분은 그 불행을 겪어 마땅합니다."

(……)

오늘 페스트가 여러분에게 관여하게 된 것은 반성할 때가 왔기 때문입니다. 올바른 사람들은 조금도 그것을 두려워할 필요가 없습니다. 그러나 사악한 사람들이 떠는 것은 당연한 일입니다.

_128~129쪽

페스트는 재앙이자 신의 분노라고 선동하면서 회개하라고 외친다. 일부 개신교 목사가 코로나19가 한창 창궐할 때 보여준 행동과 닮았다. 하지만 파늘루는 도시의 참상을 목도하면서, 특히 어린아이들이 죽어가는 모습에 변화한다. 두 번째 설교에서 그는 "여러분" 대신 "우리들"이라는 용어를 선택한다.

이름 없는 작은 영웅들

여섯째, 하급 서기인 그랑이다. 그랑은 착한 마음씨와 용기가 있고, 모범적인 생활을 한다. 그야말로 이름 없는 영웅, 가장 보잘것없는 영웅이다. 그랑이라는 이름의 어원은 'Grand'로, 위대하다는 뜻이다. 그랑은 허약하지만 살아남는다. 카뮈의 표현에 따르면, 가장 보편적이지만 용기 있는 인물이다.

불행을 이용하는 상인

일곱째, 가장 부정적인 인물인 코타르다. 코타르는 포도주와 리쾨르 술을 파는 암거래상이다. 당시 페스트가 창궐한 도시에서 "양질의 술은 세균을 죽인다"라는 말이 유행하면서 두려움 때문에 술을 찾는 사람들이 많아지자 술 암거래로 돈을 많이 번다. 결국 코타르는 경찰에 체포된다.

《페스트》의 등장인물 중 리유가 유일하게 두둔하지 않는 자가 코타르이다. 리유는 그 이유를 타루가 언젠가 한 말로써 설명한다.

"그 사람의 유일하고도 진정한 죄악은, 어린아이들 그리고 인간들을 죽이는 것에 대해서 마음속으로 옳다고 긍정했다는 점입니다. 그 외의 것은 나도 이해가 가요. 그러니 그 외의 것은 용서하지 않을 수가 없어요."

_394쪽

《페스트》에는 이 외에도 수많은 주연과 조연이 등장한다. 치료제인 혈청을 만든 의사 카스텔, 수위영감, 오통 판사, 축구 선수 곤잘레스 등이다. 카뮈는 어떤 유형의 인간들이 어떻게 위기를 이겨냈는지 다양하게 표현했다.

오늘날에 주는 시사점

《페스트》출간 이후 다시 100년이 지나 지금, 코로나19가 세상을 덮쳤다. 카뮈는 "병균은 자연스러운 것"이라면서 "건강, 청결, 순결성 등 결코 멈춰서는 안 될 의지의 소산"이라고 강조했다.

"모든 일에는 언제나 취할 점이 있다는 사실은 변함없는 진실이다."

코로나19로 인한 팬데믹 상황에서 귓전을 울리는 구절이다. 위기에는 더불어 살아야 하고, 말로만 떠들어대는 것이 아니라 조용히 헌신하며 청결한 생활로 몸과 마음의 건강을 지켜야 한다.

2

바이러스는
어떤 변화를 가져오는가?
역사와 문명을 중심으로

페스트 이후 유럽 사회의 변화

유럽은 14세기 페스트로 인해 두 가지 큰 변화를 겪었다. 생산양식의 변화와 신대륙 침략(신천지 개척)의 시작이다. 페스트는 신분과 지위를 가리지 않고 수억 명의 생명을 앗아갔다. 유럽 인구의 3분의 1이 몰살됐고, 엄청난 인구 감소는 봉건적 생산양식의 몰락으로 이어졌다. 극심한 노동력 부족으로 임금이 폭등했다. 토지 가치는 폭락하고, 봉건 영주제의 핵인 영주와 토지 귀족들은 임금 지급 방식을 현물에서 현금으로 바꾸었다. 귀족들은 농민들을 자기 땅에 묶어놓으려 했지만 수많은 농민이 농노에서 자유노동자로 변해 더 많은 임금을 주는 농장으로 이동했다. 처음으로 자본주의적 생산양식이 등장했다.

영국 왕은 노동조례로 노동자의 이동을 제한하고 임금을 페스트 이전 수준으로 제한하려 했으나 시장경제로의 이행 과정에서 노동자의 실질 임금이 2배 이상 상승했기 때문에 법은 무력할 수밖에 없었다. 페스트로 인한 인구 감소로 노동자의 협상 능력이 높아진 덕에 시장 권력이 정치 권력을 이긴 것이다.

임금 상승과 지대 하락으로 영주와 토호들은 재정 압박을 받고, 동시에 노동자들의 신분은 높아졌다. 노동자들은 귀족이 입던 옷과 음식 등 호사스러운 생활양식을 누리기 시작했다. 급기야 '젠트리gentry'라는 새로운 계급이 등장했다. 그들은 도시에서 투기로 번 돈으로 파산한 지주의 토지를 사들였고 상업적 농업의 선두에 섬으로써 자본주의적 생산양식으로의 전환을 주도하는 부르주아지bourgeoisie를 형성했다. 부르주아라는 새로운 계층의 첫 등장이다. 이후 부르주아는 노동자와 함께 자본주의 생산양식의 주체로 자리 잡았다.

영국은 농민들을 묶어놓기 위해 빈민을 구제하는 이른바 구빈법을 제정했다. 현대적 복지제도의 씨앗이 싹을 틔운 셈이다. 페스트라는 질병으로 인한, '의도되지 않은 결과'다.

또 다른 '의도되지 않은 결과'는 제국주의 시대의 개막이다. 유럽은 페스트를 겪으면서 신천지를 꿈꿨다. 유럽이라는 죽음의 땅에서 해방되고자 한 것이다. 포르트갈과 스페인은 본격적으로 신대륙 정복에 나섰다. 포르투갈의 엔리케 왕자는 대항해 시대를 열었고, 스페인의 이사벨라 여왕은 콜럼버스를 지원해 아메리카 대륙을 정복했다.

이 시기, 항해 기술이 엄청나게 발전했으며 식민지 개척에도 불이 붙었다. 스페인은 '무적함대'라는 별명을 얻었고, 아메리카의 수많은 인디언이 유럽인들을 따라온 바이러스 앞에 무기력하게 쓰러졌다. 재레드 다이아몬드[Jared Mason Diamond]가 《총, 균, 쇠》(문학사상사, 2005)에서 자세히 기술해놓은 내용이다.

포스트 코로나 시대의 전망

바이러스는 이미 경제적 생산양식 및 정치적 권력 구도 같은 세계 질서를 바꾼 적이 있다.

그렇다면 코로나19는 세상을 어떻게 바꿀 것인가? 코로나19로 다시 새로운 경제적인 생산양식과 국제 정치 질서가 도래할 것인가?

많은 사람이 코로나19 이후의 세계를 전망하거나 대안을 이야기한다. 한국에서도 경제학자들이 중심이 되어 쓴 책 《코로나19, 동향과 전망》(김석현 외, 커뮤니케이션북스, 2020)이 출간됐다. 교육계에서도 《코로나19, 한국 교육의 잠을 깨우다》(강대중 외, 지식공작소, 2020) 같은 책이 나왔다. 코로나19 이후 교육의 방향에 대한 세미나 등도 활발히 개최되는 중이다.

세계적으로는 미국 정치인 헨리 키신저[Henry Alfred Kissinger], 프랑스 철학자 에티엔 발리바르[Etienne Balibar], 《사피엔스》(김영사, 2015)를 쓴 이스라엘 교수 유발 하라리[Yuval Noah Harari] 등이 코로나19 이후의 세계에 대해 언급하고 있다. 전 독일 재무부 장관이자 현 독일연방의회 의장이며 독일 통일의 주역으로 구동독과 협상을 성공적으로 이끈 독일 정치인 볼프강 쇼이블레[Wolfgang Schauble]는 이렇게 말했다.

"신종 코로나19 바이러스 위기를 기회로 우리 사회가 저지른 과오를 바로잡는 게 어떨지. 코로나19 위기만 문제가 아니다. 기후변화, 종(種) 다양성 손실도 문제다. 무엇보다 큰 문제는 우리 유럽인들이 과도한 행위로 자연에 가하는 훼손이다."

신종 바이러스가 기후와 자연에 대한 침략 등 인간의 잘못으로 나타난 결과라는, 인간 반성의 말이다.

이제 시작이기에, 아직 포스트 코로나에 대한 해답을 제시하기는 이르다. 확실한 것은 거대한 변화가 분명히 시작됐다는 사실이다. 영국의 정치철학자이자 작가인 존 그레이[John Gray]는 정치문화 주간지 〈뉴스테이츠먼[newstatesman.com]〉을 통해 코로나19 대유행으로 "세계화의 시대는 끝났다"라고 선언했다. 지금의 위기가 "안정된 균형이 일시적으로 무너진 상태가 아니라 인류가 역사의 전환점에 직면한 것"이라는 진단이다.

세계화와 탈세계화의 흐름

세계화는 90년대 구공산권의 붕괴와 함께 가속화됐다. 베를린 장벽의 붕괴와 독일의 통일은 세계화의 상징이나 다름없었다.

"나는 베를린 시민이다.Ich bin ein Berliner."

1963년 미국 케네디John F. Kennedy 대통령이 장벽 앞에서 베를린 및 서구 시민과의 연대를 강조하며 외친 말이다. 이후 케네디의 후임들은 예외 없이 베를린 장벽에 섰다. 1987년 미국 레이건Ronald Wilson Reagan 대통령은 베를린 장벽 앞에서 이렇게 연설했다.

"장벽을 허물어라!Tear down this wall!"

1989년, 베를린 장벽은 무너지고 냉전이 끝났다. 장벽이 무너지면서 자본, 기술, 문화, 노동이 국경을 넘어서 자유롭게 이동하는 '국경 없는 세계화'의 시대가 도래했다. 당시 이를 주도한 것은 '워싱턴 컨센서스Washington consensus'로 불리는 미국식 신자유주의적 세계화였다.

시간이 흐르며 미국이 주도한 신자유주의적 세계화는 불평등을 심화시키는 근본적인 문제로 변화됐다. 자본의 세계화로 값싼 나라로의 공장의 이동과 노동의 세계화로 값싼 노동 인구들이 미국과 유럽으로 몰려든 탓에 미국 노동자들은 일자리를 잃었고, 자본가들은 값싼 노동력으로 초과 이윤을 얻었다.

극단적인 세계화로 인한 불평등 때문에 2008년 글로벌Global 금융 위기가 발발하자 미국에서는 '월스트리트Wall Street 점령' 운동까지 일어났다. 반세계화 운동으로 2016년 영국은 유럽연합EU에서 탈퇴했고 (브렉시트Brexit), 2017년 미국에서는 다른 나라와 장벽을 쌓겠다고 공약한 도널드 트럼프Donald John Trump가 대통령에 당선됐다.

코로나19로 인해 앞으로도 반세계화 움직임은 더욱 강화될 전망이다. 안 그래도 약화되고 있던 세계화는 더욱 약화됐다. 코로나19

확산을 막기 위해 이미 많은 나라가 국경을 폐쇄했다. 이 같은 '국가 간 거리두기'가 시행되면서 국제 무역뿐만 아니라 인적 교류가 급격하게 줄어들었다. 항공, 여행 산업은 직격탄을 맞았다. 독일, 한국 등 많은 국가가 이들 산업에 대한 직접 지원에 들어갔다.

코로나19로 변화할 메가트렌드 여섯 가지

많은 전문가가 "사람들은 자신의 건강을 위해 국가의 개입이나 사회적 감시체제를 기꺼이 받아들이고, 세계 각국은 장벽을 높인 채 안보와 과학연구, 기술혁신에 이전보다 더 주력"할 것으로 전망한다. 위기 극복을 위해 당분간 자국주의가 더욱 기승을 부리리라는 이야기이다. 정치인들은 배타적 민족주의를 강조하면서 포퓰리즘에 빠졌다. 미국과 유럽 국가들이 국경을 폐쇄해 자국민만을 위한 방역과 치료에 급급한 모습을 보이고 있다.

위기 앞에서는 국내 문제가 우선일 수밖에 없다. 이 같은 국가주의의 강화는 이미 자국 이익 우선주의, 민족주의, 고립주의 등으로 나타나고 있다. 국가 간 장벽이 높아질수록 식량과 의료용품 등의 지역 내 생산이 안보 문제와 직결되는 탓이다. 이런 상황은 앞으로 더욱 가속될 것이다. 자국민 안전이 각국 정부의 최우선 과제이기 때문이다. 대한민국 정부 역시 마스크 수출을 통제한다.

코로나19 극복 과정에서 국가는 다양한 사회 계층과 모든 사회조

직의 구심점이 돼야 한다. 자연스럽게 국가의 힘이 어느 때보다 커진다. 위기 극복 과정에서는 국가 권력으로 힘의 집중될 수밖에 없기 때문이다. 그렇다고 공익이라는 명목으로 모든 사회생활이 정부에게 통제당한다면 조지 오웰이 소설 《1984》에서 묘사한 '빅브라더 사회'가 현실이 될 수도 있다. 중국 등 권위주의 국가에서 이미 나타나고 있는 현상이다.

코로나19로 인해 앞으로 이 밖에도 많은 것이 달라질 것이다. 변화는 크게 여섯 가지로 가닥을 잡아볼 수 있다.

첫째, 국제 정치 질서의 변화다. 특히 우리 대한민국 미래와 가장 큰 연관이 있는 미·중 패권전쟁에 대한 전망이다. 신자유주의적 세계화로 미국은 경제 호황을, 중국은 세계 공장으로 큰 이득을 얻었다. 그러다 중국이 G2로 압박하자 미국의 정책이 달라졌다. 중국과의 무역전쟁, 경제전쟁을 시작한 것이다.

코로나19로 미·중 패권전쟁은 더욱 심화될 수밖에 없다. 트럼프 대통령은 코로나19의 진원지로 중국을 지목하며 이미 배상을 요구한 상황이다. 중국에 우호적이라는 이유로 세계보건기구[WHO]에 재정지원까지 중단했다. 반면, 중국은 세계로의 영향력 확장에 전력을 다하고 있다. 미·중 사이에 시작된 신냉전은 어느 한쪽이 무릎을 꿇어야 끝이 날 것이다.

미·중 간 패권전쟁은 앞으로 '30년 전쟁'으로 이어질 수도 있다. 2050년경에나 끝나리라는 예상도 있다. 미국 하버드 대학교 그레이엄 앨리슨[Graham Allison] 교수는 《예정된 전쟁[Destined for War: Can America and China]

Escape Thucydides's Trap》(정혜윤 옮김, 세종서적, 2018)에서 '투키디데스의 함정 Thucydides Trap'[1])을 예로 들며 미국과 중국 간 패권전쟁은 불가피하다고 지적했다. 다만 두 나라 모두 핵무기로 무장한 탓에 경제전쟁, 국지전까지만 가능하지 않을까 싶다고도 이야기했다.

둘째, 새로운 국제 경제 질서의 확립이다. 즉, 세계 공급 사슬망의 재구성이다. 이미 한국을 포함한 많은 나라의 기업이 중국으로부터 철수해 본국으로 돌아오거나 베트남 등 다른 국가로의 공장 이동을 시작했다. 한국의 삼성과 미국의 애플 등 많은 기업이 탈중국했다. 미국의 정책도 '세계 공급망'에서 중국을 배제하는 것이다. 트럼프 대통령은 '인도 태평양 전략'을 내세워 일본-호주-인도 등을 연결해 중국의 해양 진출을 봉쇄하는 외교안보 전략을 펴고 있고, 중국은 육상과 해상으로 아시아-유럽-아프리카까지 잇는 거대한 친중국 경제벨트 '신실크로드', '일대일로'로 맞서고 있다.

셋째, 인간 정신의 위기이다. 코로나19는 보건의 위기뿐 아니라 경제적·사회적 위기를 동시에 가져왔다. 수천만 명이 감염되고 기저질환자를 중심으로 수십만 명이 죽어나갔다. 생산과 소비의 중단으로 일자리도 수없이 사라졌다. 이로 인해 코로나 트라우마가 발생했다.

---

[1] 고대 그리스 역사가 투키디데스가 아테네와 스파르타 사이에 일어난 펠로폰네소스 전쟁의 발발 원인을 분석한 데서 따온 말. 기존의 패권 세력과 새로 부상하는 세력 간의 심리적 갈등이 전쟁으로 이어질 가능성을 말한다. 앨리슨 교수는 자신의 저서에 지난 500년간 신흥국가의 부상이 기존 패권 국가와 강하게 충돌한 사례 16개를 선정했다. 이 중 1, 2차 세계대전, 중·일 전쟁을 포함해 열두 번은 전쟁으로 끝났고, 미·소 냉전을 포함해 네 차례는 전쟁으로 이어지지 않았다.

신조어 '코로나 블루'까지 생겨났다. 코로나19와 우울감을 뜻하는 블루^{blue}의 합성어이다. 코로나19가 장기화되면서 우울감, 피로, 걱정 등이 누적돼 트라우마가 된 것이다. 이에 대한 치료가 시급하다는 주장도 있다. 코로나19는 기존의 인간 가치와 도덕, 그리고 문명까지 위협하는 위기를 가져왔다. 이런 상황에는 '인본주의^{humanism}'가 힘이 된다. 카뮈 역시 자신의 작품에서 페스트 유행 같은 위기 상황에서 인간이 가져야 할 가장 소중한 가치로 휴머니즘을 강조했다. 하지만 다양성보다 획일적 가치가 우월해지는 환경에서는 인본주의 역시 위기를 맞는다.

넷째, 재난 자본주의^{disaster capitalism}와 배제의 위기이다. 경제학자인 나오미 클라인^{Naomi Klein}은 1999년 《쇼크 독트린》(살림biz, 2008)이라는 책을 통해 미국 카트리나 지역을 덮친 허리케인 등의 재난 상황을 분석하면서 사회에 큰 위기가 왔을 때 통치자와 엘리트들은 그걸 핑계로 그저 하고 싶은 것을 할 뿐이라고 했다. 그녀는 이번에도 역시 "코로나19 이후 트럼프는 결국 자기가 하고 싶은 것을 관철하려 할 것"이라고 언론 인터뷰에서 경고했다.

청년 세대 분석서 《88만 원 세대》로 유명한 우석훈 박사는 한국에서도 이 같은 재난 자본주의 현상이 벌어지고 있다고 비판한다.[2] 참여정부 시절 건설산업의 위기를 명분으로 '한국형 뉴딜'을 외친 이헌재 전 경제부총리 겸 재정경제부 장관이나 코로나19 상황에서 다

---

2) [우석훈의 경제수다방] '한국형 재난자본주의와 홍남기', <경향신문> 2020. 5. 3.

시 이를 외치는 홍남기 부총리나 똑같다는 것이다.

우 박사는 왜 재난 자본주의를 비판하고 나설까? 재난 자본주의 가장 큰 문제는 정권과 관료에 의해 소수만 혜택을 받고 '빈익빈 부익부'의 사회 양극화가 심화되는 정책이라는 것이다. 즉, 공공성 정책을 강화해야 하는 시점에 오히려 소수의 사적 자본주의에 복무하는 셈이다. 코로나19로 인해 사회적 약자가 된 수많은 사람이 거리로 내몰리고, 수많은 자영업자가 가게 문을 닫은 작금의 현실에서는 이들을 지원하는 정책이 최우선이다. 사회보장 제도의 강화가 모든 대책 가운데 제1의 플랜이 될 수밖에 없다. 대표적으로 고^故 박원순 서울시장이 주장한 '전 국민 고용보험 제도'의 도입 등을 들 수 있다.

"코로나19가 모든 사람에게 동일한 방식으로 타격을 입히지 않는다는 점에서 어떤 배제가 존재할 수 있다. 관료의 논리적 관점에서 접근해서는 안 된다."

프랑스 철학자 발리바르의 말이다. 이 말은 모든 이에게 지원하는 긴급재난지원금에 설득력을 실어준다. 하지만 홍남기를 비롯한 관료들은 반대했다. 반면, 우리보다 늦게 코로나19가 확산된 독일과 일본은 우리보다 먼저 재난지원금을 모든 국민에게 지급했다.

우 박사는 교육적 측면에서도 재난 자본주의를 비판한다.

"가뜩이나 문제인 사교육을 인터넷 버전으로 전환하고자 하는 게 학원가의 소망인데, 이것도 원격교육이라는 명분으로 '한국형 뉴딜'의 핵심 사업으로 포함됐다. 여기서부터 홍남기표 '한국형 재난 자본주의'가 시작된다."

사교육 본거지인 학원의 유리한 정책을 펴기 때문에 코로나19 재난이 공교육 재앙으로 바뀌어버렸다는 것이다.

다섯째, 라이프스타일과 산업의 재편이다. 코로나19로 인해 비대면이 확산되자 업무와 교육의 방식부터 유망산업까지 많은 것이 바뀌었다. 먼저, 코로나19로 인해 비대면 문화가 확산되면서 많은 직장에서 재택근무가 일상화됐다. 더불어 항공, 여행 등의 산업은 직격탄을 입었다. 반면 비디오 스트리밍 등 디지털 산업, 의료 환경 산업이 부상 중이다. BTS가 보여준 무관객 디지털 공연도 호평받았다.

여섯째, 일하는 방식과 교육의 변화이다. 코로나19로 인해 비대면 문화가 확산되면서 많은 직장에서 재택근무가 일상화됐다. 온라인 교육인 비대면 교육도 일반화됐다. 4월 20일, 교육부는 대한민국 역사상 처음으로 전 학교 온라인 개학을 선언했다. 학교와 교사, 학생과 학부모는 처음으로 온라인 수업에 직면해 혼란과 더불어 새로운 실험에 참여했다. 초·중·고생 약 400만 명이 한꺼번에 원격 수업에 참여한 것이다. 우리가 인터넷 강국이기 때문에 가능했다. 대한민국은 세계 최고의 스마트폰 가입자에 유선 광인터넷 보급률 역시 세계 1위 국가다. 5G 역시 시장 먼저 상용화에 들어갔다. 하지만 현장에서 가정형편과 디지털 빈익빈 부익부에 따른 문제점이 따른 노출됐다. 여기에 대해서는 2부에서 상세하게 다루고자 한다.

3

새로운 시스템과
과학기술의 창조

코리아 다이내믹

코리아 다이내믹의 힘

마크롱^{Emmanuel Macron} 프랑스 대통령을 포함한 수많은 정치지도자뿐만 아니라 〈뉴욕타임스〉와 〈월스트리트저널〉 같은 유수 언론도 K-방역을 높이 평가한다. 대한민국은 어떻게 미국과 유럽의 선진국보다 더 효과적으로 방역과 진단에 성공할 수 있었는가? 경제를 중요시하면서 원칙에 충실한 한국의 국가 작동 시스템이 주효했다. 대한민국은 투명성, 개방성에 초점을 둔 방역과 진단을 실시했다. 국경을 폐쇄하지 않았고, 경제적 손실을 최소화하는 데 주력했다는 것이 중론이다. 해외 언론의 호평하는 이유다.

우리는 코로나19로 인한 위기를 기회로 전환해야 한다. 남북 공동 방역 시스템이나 동북아 방역 공동체 구축도 한 방법이다. 대한민국은 현재 K-방역으로 세계적으로 호평받고 있으니, 관련 사업을 주도하면 나라의 역량과 품격을 높이는 계기로 삼을 만하다. 대한민국은 2차 세계대전 이후에도 식민국가에서 최단 시간에 산업화와 민주화를 이룩한 나라. 역량은 충분하다고 볼 수 있다. 이 같은 힘을 '코리아 다이내믹Korea Dynamic'이라고 표현할 수 있는데, 코리아 다이내믹은 크게 다섯 가지로 설명할 수 있다.

첫째, '빨리빨리 문화'다. 선진국을 빨리 따라잡기 위해 우리는 '패스트 팔로우fast follow' 전략을 썼다. 예를 들어, 인터넷 설치의 경우 한국은 한 시간이면 끝나지만, 독일은 한 달이 걸리기도 한다. 한국인은 하루 평균 열여덟 번씩 '빨리빨리'를 외친다. 유럽에서 만난 외국인들은 '빨리빨리'라는 단어를 안다며 한국에 대한 친근감을 표현하기도 한다. 한국전쟁 이후 1956년 100달러도 안 되던 1인당 국민소득이 2018년에는 3만 달러를 넘어섰으니, 대한민국은 정말 빨리 달려왔다. 이번에는 심지어 코로나19보다도 빨랐던 덕에 침략자 물리치기에 성공했다. 전염보다 더 빨리 예방, 진단, 치료했기 때문에 가능했던 일이다.

둘째, 넘치는 에너지다. 세계적으로 대한민국만큼 에너지 넘치는 나라도 없다. 문재인 정부의 전 법무부 장관 조국을 두고 한쪽은 서초동에서 옹호하고, 다른 한쪽은 광화문에서 반대하는 시위가 계속됐다. 참석 인원도 수백만 명이 넘는다. 에너지가 넘치기 때문에 가능한 일이다. 넘치는 에너지에 흥이 더해지면 놀이 문화로 이어진다. 어쩌면 BTS의 세계적인 성공도 한국인의 에너지와 흥 덕분인지 모른다. 최근 한국을 휩쓴 트로트 열풍 역시 이와 무관하지 않다.

셋째, 창조적 파괴다. 한국인은 촛불 시위로 대통령을 탄핵했다. 탄핵은 창조적인 파괴의 일환으로 볼 수 있다. 이번 코로나19 예방과 진단에서도 한국인의 창조적 파괴가 여러 번 나타났다. 대표적으로 '드라이브 스루drive-thru'와 진단키트 개발 및 수출 등이 있다.

넷째, 시민의 연대의식이다. 우리나라에는 아직 공동체 정신이 살아 움직인다. 1998년 IMF 외환위기가 닥치자 '금 모으기 운동'으로 위기 극복에 힘을 보탰고, 2002년 한·일 월드컵에서는 세계 최초로 길거리에서 응원하는 모습을 보여줬다. 수백만 명이 거리에 모였음에도 사고도 쓰레기도 없는 시민의식을 보여준 것이다.

다섯째는 교육열이다. 우골탑牛骨塔이라는 단어가 있다. 농가의 가장 중요한 재산인 소를 팔아 자식을 공부시킨다는 말이다. 자원이 풍족한 편이 아닌 대한민국은 인재부국을 지향해야 한다. 지금도 그렇지만, 옛날에도 부모들은 최우선 목표를 자식 농사에 두었다. 미국의 오바마 전 대통령도 한국의 교육열을 배워야 한다고 여러 번 강조했다.

그렇지만 뭐든지 지나치면 문제가 발생한다. 교육을 위해 아내, 자식과 떨어져 사는 '기러기 아빠' 같은 단어는 전 세계에서 대한민국에만 있는 단어다. 지나친 교육열은 치맛바람과 사교육 과열이라는 부작용으로 나타나기도 한다. 공교육 강화나 교육개혁을 외치는 목소리가 정당성을 얻는 이유이기도 하다.

2020년 1월 20일, 미국과 한국이 동시에 첫 번째 코로나19 환자 발생을 보고했다. 독일에서는 그로부터 며칠 후에 첫 코로나19 환자가 나타났다. 그로부터 6개월이 지난 지금, 미국은 확진자가 400만을 넘어섰고, 사망자도 20만 명을 넘어섰다. 유럽에서 가장 선방한다는 독일도 감염자가 18만 명을 넘어섰고, 사망자는 약 9천 명에 달한다. 반면 대한민국은 확진자 14,269명, 사망자는 300명뿐이다.[3]

K-방역의 성공 비결

대한민국의 방역이 미국이나 유럽 등 선진국보다 앞서나갈 수 있었던 또 다른 이유는 시민의식을 바탕으로 한 앞선 예방과 진단이다. 모두 방역 지침을 제대로, 자발적으로 실천하는 수준 높은 시민의식을 가진 국민의 위대한 참여 덕에 가능한 일이었다. 마스크 착용만해도 다른 나라들과 달리, 우리 국민은 감염 초기부터 대다수가 실천했다. 다중 이용 시설에는 곳곳에 손 세정제를 비치해 수시로 사용할 수 있게 했고, 공공장소에서 타인과의 거리 두기(약 2미터)도 잘 유지한다. 사재기도, 시위도 하지 않는다. 그 덕분에 여전히 폭발적인 확진자 증가 없이 시민들이 비교적 자유롭게 각종 편의시설을 이용

---

3) 2020년 7월 30일 기준.

할 수 있다.

헌신적이면서 뛰어난 의료진과 전 국민 건강보험 시스템도 언급하지 않을 수 없다. 심지어 우리나라는 5년 전 메르스 사태를 겪으면서 감염병 유행에 대비하는 방역 체계도 갖춰놓은 상태다. 의사 출신인 황세희 국립중앙의료원 건강증진예방센터장은 이렇게 설명한다.

"코로나19 상황에서 'K(한국형)-방역'이 대한민국 의료의 선진성을 알리며 국격을 드높였다. 사실 K-방역의 성공은 한국만큼 양질의 의료 서비스를 저렴하게 이용 가능한 나라가 없을 뿐 아니라 수십 년간 지속된 우수 인력의 의료계 쏠림 현상, 3분 진료를 양산한 저수가 정책, 전 국민 의료보험제도 정착, 사회 공헌 목적의 대기업 첨단 병원 설립 등 우리나라 특유의 사회문화적 요소가 절묘하게 어우러져 나타난 결과다."

미국의 의학 기술은 세계 최고 수준이지만, 실질적인 국민 건강 관리는 민영 의료보험에 의존한다. 최상의 의료 혜택은 고액 의료보험 가입자를 위해 존재하며, 국민의 9%(약 2,700만 명)는 아예 의료보험이 없다. '유전무병^{有錢無病}, 무전유병^{無錢有病}' 시스템인 셈이다. 이에 의료보험 미가입자가 미국에서 코로나19 입원 치료를 받으려면 4천만 원에서 9천만 원에 달하는 금액을 내야 한다. 반면 한국은 치료비 자체도 미국의 10% 수준이며, 그마저도 환자 부담료를 국가가 부담한다.

1948년부터 국가 차원에서 전 국민에게 보건의료 서비스^{NHS}를 제공해온 영국의 선진공공의료 시스템도 코로나19 대유행 상황에 대처하기엔 역부족인 듯싶다. 영국 인구가 한국보다 30% 많기는 하지만, 확진자는 10배가 넘는 30만 명 이상이며 사망자도 4만 5천 명을 훌쩍 넘는다. 의료 선진국이라 여겨지는 프랑스·이탈리아·스페인도 영국과 비슷한 상황이다. 의료의 수준·효율성·접근성 등 모든 분야에서 한국보다 못한 상황이다.

사실 한국 의료진은 저수가 정책 탓에 고도의 집중력을 발휘해 한 명의 환자를 몇 분 이내에 진료할 수 있도록 오랫동안 훈련된 집단이다. 반면 미국이나 서유럽 국가에서는 의사의 환자 상담 건수가 하루에 10명, 많아야 20명을 넘지 않는다. 이처럼 여유로운 상황에 익숙한 의료진이 갑자기 밀려드는 환자를 신속하게 분류하고 진료하는 일은 벅차기 마련이다.

우리나라가 정보통신 강국이라는 점도 K-방역의 성공에 한몫 거들었다. 우리나라는 '산업화는 늦었지만, 정보화는 앞서가자'라는 캐치프레이즈를 내걸고 세계 최고의 정보통신기술 강국으로 도약했다. 광케이블 설치 비율이나 스마트폰 점유율도 세계 최고 수준이다. 이러한 정보통신 강국의 장점은 확진자 추적과 격리, 치료에도 유감없이 발휘됐다.

공권력을 활용한 무차별적인 개인정보 추적이 과연 인권 차원에서 바람직한가 하는 비판도 없진 않다. 독일은 나치에게 탄압당한 역사 때문에 개인정보 보호를 매우 중요시하는데, 독일 라이프치히 대학교Universität Lepzig에 다니는 유학생 이유진 씨는 "독일에서도 한국식 방역 시스템을 도입하려 했으나, 개인정보 보호법 때문에 무산되고 말았다"라고 이야기한다. 다만 이러한 확진자 동선 추적과 격리 조치가 방역 차원에서 효과적이었다는 점은 부정할 수 없다.

우수한 정보통신 및 디지털 기술의 활용은 SNS 활용에서도 잘 나타난다. 대한민국은 세계 최고의 정보통신 기술, 스마트폰 이용률, CCTV 설치율, 효율적인 택배 시스템 등으로 국가 방역 지침의 준수가 가능한 인프라를 갖춘 나라이다. 스위스에 거주하면서 프리랜서로 활동하는 김진경 씨의 칼럼에서 드러나는 한국과 유럽의 코로나19 대응 방식 차이가 흥미롭다. 대한민국에서는 코로나19 극복을 위해 집단지성이 발동한 셈이다.

코로나19 사태에서 내가 새롭게 발견한 두 사회의 차이점 중 개인적으로 가장 흥미로웠던 것은 소셜미디어에서 사람들이 보이는 행태였다. 소셜미디어상의 내 친구는 3분의 2가 한국인, 3분의 1이 외국인(대부분 유럽인)이다.

코로나19 바이러스가 아시아에서 출발해 유럽을 거쳐 미국으로 번지는 동안 유럽인들은 이상하리만치 조용했다. 평소보다 줄어든 포스팅 내용의 대부분은 '저녁 O시에 다 같이 발코니에서 박수를 치자', '이럴 때일수록 정신적 안정이 중요하다', '집에서 아이들과 시간 보내는 방법'과 같은 것이었다.

이와 대조적으로 한국인들은 코로나19 바이러스의 전염성, 감염 경로 같은 특징에 대한 전문적인 포스팅을 엄청나게 해댔다. 전 세계 언론 기사, 전문가 인터뷰, 최신 논문 등이 따끈따끈하게 퍼져나갔다. 왜 손 씻기가 가장 중요한지, 마스크의 효능은 어디까지인지, 집단 면역이 왜 말도 안 되는 소리인지, 페이스북만 들여다봐도 알 수 있었다. 김연아 선수 덕분에 전 국민이 피겨스케이팅 해설자가 됐던 때가 떠올랐다.

_[김진경 칼럼] "좋은 유럽인은 죽었다." 한국은 변방 아닌 제 1세계?',

<피렌체의 식탁> 2020. 7. 13.

뉴노멀의 실천이 필요한 때

K-방역을 이야기하면서 창조적인 방역 진단 시스템의 개발과 작동을 빼먹을 수는 없다. 대표적으로 '드라이브 스루' 기법이나 진단키트의 개발과 수출을 들 수 있다. 대한민국에서는 바이러스의 본격적인 확산 전에 진단키트를 개발하고 드라이브 스루 같은 확산 방지책을 실시했다.

가급적 집에 머물기, 자발적 동선 공개 등 한국인이 보여준 연대는, 보건의료 선진 기술과 투명한 정보 공개를 기반으로 가능했다. 대규모 테스트와 매일 두 차례 이뤄지는 방역본부의 브리핑으로 바이러스의 전파 경로, 예방 조치, 행동 요령이 전문가 수준으로 높아졌다.

앞으로도 장기적인 예방 전략과 더불어 백신 개발이 필요하다. 감염병 전문가들은 "가을 이후에도 지금보다 더 큰 코로나19 대유행이 올 수 있다"라며 경계심을 늦추지 말라고 경고한다. 마스크 착용, 손 씻기, 타인과 일정 거리 유지 등의 새로운 규범을 '뉴노멀^{New Normal}'로 받아들이고 꾸준히 실천해야 한다.

달빛동맹 이야기

방역 이야기는 아니지만, 코로나19 극복을 이야기하면서 달빛동맹에 대해 언급하지 않을 수 없다.

지난 2월 29일 코로나19 확진자가 741명 발생한 데 이어 2일 512명 등 감염자가 폭발적으로 증가한 탓에 대구에는 격리치료 병상이 부족했다. 대구는 전국지방자치단체에 손을 내밀어 환자 이송과 치료를 부탁했다. 그러자 이용섭 광주광역시장이 3월 1일 특별담화로 "대구 확진자를 빛고을 전남대학교 병원에서 치료하겠다"라고 밝혔다. 코로나19 사태 후 정부나 보건당국 차원이 아닌 지방자치단체 간 합의에 따라 대구 확진자가 다른 지역으로 이동한 첫 사례였다. 2013년 3월부터 '달구벌'(대구)과 '빛고을'(광주)의 첫 글자를 딴 달빛동맹을 맺고 이어온 상호교류가 '병상연대'로 이어진 셈이다. 광주광역시에 따르면 대구 지역 코로나19 확진자 30명은 광주 빛고을 전남대학교 병원에서 완치 판정을 받았다.

광주에 이어 전남도 대구와 경북에 나눔의 손길을 뻗었다. 지난 달 13일 치료 병상을 찾지 못한 대구·경북 경증 확진자 30명이 전남

순천의료원으로 옮겨졌다. 이곳에서 완치 받은 한 50대 확진자는 의료진에게 "많은 사랑과 넘치는 대접을 받고 떠난다"며 전라남도와 의료진, 영양사나 조리사 등에게 전하는 편지를 남겼다.

전남 곳곳에서 확진자에게 물품도 보내왔다. 이 50대 확진자는 "영광은 보리굴비, 보성은 녹차, 광양은 매실 등 후원 물품을 보내왔다"며 "전라도의 속 깊은 정에 감동했고, 영호남이 한층 가까워진 것 같다"라고 했다. 전남 완도군 전복양식 어민들은 지난달 12일 대구와 경북에 전복 440킬로그램을 보낸 데 이어 서울과 경기 화성 등으로 1.5톤에 달하는 전복을 보냈다. 코로나19 최전선에서 싸우는 병원·선별진료소·자원봉사자 등에게 전해달라고 보낸 전복이다. 코로나19라는 위기 속에서 뜨거운 연대를 실천한 감동적인 사례다.

K-방역의
트렌드세터들

드라이브 스루의 탄생과 진단키트의 개발

트렌드세터

트렌드세터^{trendsetter}를 한글로 옮기면 '선구자'라고도 할 수 있다. 세계적으로 호응을 얻은 K-방역의 주역을 호칭하는 단어 중에 '트렌드세터'보다 더 좋은 단어를 발견할 수 없다. 이들이 새로운 모델과 선구자적 행동을 보여줬기 때문이다.

세계적으로 높이 평가받는 K-방역의 트렌드세터를 찾으려 전문가 인터뷰와 더불어 언론 보도를 모니터링했다. 특히 대구의 코로나19의 헤드쿼터인 대구 동산병원의 과장이자 교수인 강구정 박사에게 많은 전문 지식과 정보를 얻었다.

지금부터 외신을 포함해 세계적으로 호평받은 K-방역의 트렌드 세터 세 명을 소개 및 분석하겠다. 먼저 히포크라테스의 정신을 가장 잘 보여준 대구 동산병원의 박재석 의사, 최초로 '드라이브 스루 진단' 아이디어를 낸 인천의료원의 김진용 의사, 마지막으로 진단키트를 개발한 씨젠이다.

최초의 방역 거점, 대구 동산병원

2020년 2월 18일, 이른바 31번 환자의 확진 다음 날부터 대구에서는 코로나19 확진자가 날마다 가파른 속도로 증가했다. 이틀 후인 20일, 권영진 대구시장과 4개 대학교 병원장과및 관계자들이 밤늦게까지 대책회의를 했다. 그다음 날인 금요일 오전, 7시 30분 비상 교수회의가 소집됐다. 서문시장 앞 대구 동산병원을 코로나19 바이러스 감염환자를 입원 치료하는 거점병원으로 지정했다고 알리는 자리였다.

"'왜 공공기관인 대구의료원과 보훈병원 및 국립대학교 병원인 경북대학교 병원을 두고 사립병원인 우리 병원을 국가적인 비상재난 상황에 내줘야 하는가'라는 의문이 들었다"라는 의견도 있었지만, 대구 동산병원은 민간병원인데도 코로나19 방역과 치료를 위한 거점병원 역할에 선뜻 동의했다.

당시 동산병원은 거점병원으로 지정되면서 다른 환자를 받지 못해 빚이 계속 쌓였다. 이를 감수하면서까지 동산병원이 거점병원을 받아들인 것은 '헌신과 개척'이라는 대학병원 설립 철학과 연결된다.

대구 계명대학교 동산병원의 역사는 120여 년 전 제중원에서부터 시작됐다. 서양 의료 불모지였던 대구에서 의료 선교사들은 나눔과 봉사, 개척의 정신으로 인술을 펼쳤다. 1900년대 초에는 전국 나병 환자 치료사업뿐 아니라 결핵, 말라리아 기생충 등 전염병 예방과 풍토병 치료, 천연두 예방접종 등에도 앞장섰다. 계명대학교 신일희 총장은 언론 인터뷰에서 다음과 같은 다짐을 밝히기도 했다.

"대구 계명대학교 동산병원은 태생부터 지역과 함께해왔으며, 봉사해왔다. 그 정신을 이어 힘든 시국을 이겨내기 위해 당연히 힘을 보태야 할 것이다. 투철한 사명감과 함께 창의적 등대지기 정신으로 헌신하겠다."

헌신과 희생정신으로 받아들인 코로나19 거점병원, 동산병원 의사들의 마음가짐은 어땠을까?

소리 없는 헌신의 리더십

"박 의사는 그야말로 온몸을 불사르는 정신과 행동을 보여준다."

같은 병원에 근무하는 강구정 교수는 박재석 교수를 이렇게 평가한다. 박 의사는 함께 근무하는 다른 의사들과 후배들을 제치고 음압실에 있는 50여 명의 중증 환자들을 직접 진단하고 치료했다.

중환자를 진료하려면 온몸을 감싸는 레벨4 보호 장구를 입은 채로 기관내삽관을 하고 인공호흡기를 부착해야 한다. 손목동맥에 주삿바늘을 찔러넣어 동맥압을 모니터링 하는 장치도 달아야 한다. 옷 입는 것부터 중노동이다. 안철수 국민의당 대표가 의사로서 자원봉사를 갔을 때, 땀에 흠뻑 젖은 사진이 찍힌 것도 이 때문이다.

"오늘은 내가 할게, 너희들은 뒤로 물러나 있어. 전투력을 아껴야지. 음압병실 안에는 아무도 들어오지 마, 혼자서 할 테니."

박 의사는 후배들에게 이렇게 말한 뒤 누구의 도움도 없이 기관삽관과 인공호흡 장치를 달았고, 동맥주사관을 삽입했다고 한다. 솔선수범하는 의사의 모범이다.

위대한 리더십을 발휘한 것이 박재석 의사뿐만은 아니다. 대구시 감염병관리지원단장인 경북대학교 의과대학 김신우 교수는 2020년 2월 20일 감염병 환자들이 속출하는 상황에서 KBS와의 인터뷰에서 "의료진이 부족하다"고 호소했다. 이를 계기로 373명의 휴머니스트 의사[註]가 전국에 달려와서 묵묵히 봉사하고 조용히 사라졌다. 이들이야말로 진정한 대한민국의 조용한 영웅英雄이다.

'드라이브 스루'의 탄생

2020년 2월 23일, 칠곡 경북대학교 병원이 드라이브 스루 검사를 가장 먼저 시행했다. 26일에는 대구 영남대학교 병원이 26일 각각 드라이브 스루 선별진료소 검사를 시작했다. 이어 26일 경기도 고양시와 세종시가 드라이브 스루 선별진료소를 설치하고, 운영에 들어갔다. 이후 드라이브 스루는 전국으로 확산돼 현재 70여 곳이 있다.

드라이브 스루 방식은 한 사람이 검사를 받으려면 20, 30분 걸리는 일반 선별진료소와 달리 10분이면 검체 채취가 가능하다. 길게 줄서서 기다리지 않아도 되기 때문에 어린아이를 동반한 가족 단위 시민이 줄지어 드라이브 스루 선별진료소를 찾는다. 외부 노출을 꺼리는 사람들도 드라이브 스루를 선호한다.

현재 트럼프 미국 대통령까지 '드라이브 스루 진단' 방식을 도입하겠다고 나섰다. 코로나19 대응책을 내놓은 백악관 기자회견에서도 드라이브 스루 진단이 모범 사례로 언급됐다. CNN, BBC 등 해외 언론은 "검사자가 차에서 내리지 않기 때문에 의료진이 잠재적 감염자와 접촉하는 것을 막아준다", "공중보건 위기에 대응하는 방법의 본보기"라며 앞다투어 드라이브 스루 진단을 높이 평가했다. 독일과 영국·벨기에·덴마크 등 유럽의 의료 강국 역시 이 방식을 도입했다. 마크롱 프랑스 대통령도 문재인 대통령과의 통화에서 "(한국의) 대응 조치를 배우고 싶다"라고 말했다. 바이러스 전파 위험을 낮추고 검사 속도를 높인 드라이브 스루 진단이 세계적인 방역 모델로 떠오른 것이다.

김 과장은 어떻게 '드라이브 스루'를 고안했을까?

처음으로 '드라이브 스루 진단' 아이디어를 낸 사람은 대한민국 코로나19의 1번 중국인 환자의 주치의였던 인천의료원 감염내과 김진용 과장이다. '드라이브 스루' 이후 김진용 과장은 〈조선일보〉, JTBC 〈이규연의 스포트라이트〉 등 언론과의 인터뷰에서 이렇게 말했다.

"2년 전 이재갑 교수와 생물 테러 때 세균에 노출된 사람들에게 예방적 항생제를 배포하는 방식을 연구하면서 드라이브 스루 배포를 고민한 적이 있었다. 그때 2010년 미국 스탠퍼드 대학교에서 인플루엔자 팬데믹에 대비해 드라이브 스루로 진단과 백신을 배포하는 모델을 논문으로 발표한 게 있어서 힌트를 얻었다."

하지만 "스탠퍼드 논문은 치료 백신이 있는 경우였고, 코로나19는 백신이 없는 고위험 병원체를 진단해야 한다. 전자가 아이디어 차원이었다면 우리는 현실에 적용했다"라고도 강조했다.

김진용 과장의 인생사는 크게 세 가지로 정리된다.

첫째, 그는 자신의 적성과 취향에 맞는 길을 걸어왔다.

"본과 때 유급한 적이 있어요. 이후 마음잡고 약리학, 미생물학을 열심히 공부했어요. 그게 감염내과의 뼈대거든요. 재미 느끼는 일에 몰두하면 운명을 개척할 수 있다고 생각해요."

이후 조선대학교 의과대학을 졸업하고 가천대 길병원에서 수련의·전공의를 거쳐 2012년부터 인천의료원에서 근무했다.

김진용 과장은 이른바 SKY(서울대학교·고려대학교·연세대학교 등) 의

과대학 출신이 아니라 비주류라고 볼 수 있는데, 자신은 오히려 비주류인 것이 힘이 됐다고 털어놓았다. 비주류인 덕분에 드라이브 스루의 핵심인 '달리 생각하는 법'을 길렀다고 말이다. 해외 학회에 참석했을 때도 비주류이기 때문에 혼자 조용히 생각할 여유를 가질 수 있었다고 한다.

"주류 라인에 있으면 참신한 아이디어 내기도 어려워요. 눈치 봐야 하니까. 저는 다른 학교 교수님도 다 내 스승이라 생각하고 좋은 것만 받아들이자고 긍정적으로 생각했습니다."

신종 감염병 대응에서는 '열린 마음'이 필수라고도 이야기했다. 모든 가능성을 열어두고 타 분야 전문가와 협업해야 성과를 낼 수 있기 때문이다. 김 과장은 배타적이지 않을 뿐만 아니라, 융복합적으로 협업하는 자세도 갖췄다.

둘째, 디지털 네이티브였다.

"어릴 때부터 컴퓨터광이었어요. 중학교 때 고향인 전남 함평 읍내에 컴퓨터 학원이 처음 생겼는데 어머니가 선뜻 보내주셨어요. 광주광역시에서 고등학교 다닐 때는 광주 반도 상가에 가서 컴퓨터 부품 사서 조립하는 게 취미였고요."

대구에서 코로나19 확진자가 대량으로 발생하자 40대 의사들은 줌ZOOM, 스카이프Skype, 카카오톡 단체방 등으로 실시간 대응했다. 자택 자가 격리 매뉴얼도 카카오톡 단체방으로 소통하며 몇 시간 만에 만들었다. 김진용 과장도 "한국이 코로나19에 슬기롭게 대처한 저력은 40대 젊은 의료진의 순발력과 역발상에 있었다"고 강조했다.

셋째, 협업 마인드다. 논문[4]을 살펴보면 공동 저자에 성민기 세종대학교 건축공학과 교수 등 타 분야 전문가 이름도 있다. 그는 "2013년 '공중보건 위기 대응 사업단'을 하면서 단장이었던 한양대학교 예방의학 교실 최보율 교수님께 많이 배웠다"면서 "수학, 예방의학, 통계학, 언론 등 다양한 분야에 계시는 분들과 협업했고, 이것이 제 인생의 터닝포인트였다"고 회상한다. 김 과장은 학습 덕에 협업과 융복합의 중요성과 가치를 잘 알고 있었다.

그는 의사로서, 인간으로서 원칙에 충실할 뿐만 아니라 실력이 있었다.

"바이러스는 정직합니다. 사람들이 대충 눈감고 덮어놓은 가장 취약한 부분을 귀신같이 파고듭니다. 집단감염이 일어난 청도 대남병원, 노인 요양병원이 그렇죠. 또 불편부당不偏不黨합니다. 영국 보리스 존슨 총리, 찰스 왕세자도 똑같이 대합니다. 권력 앞에 납작 엎드리는 비굴한 인간들 보란 듯이. 슬슬 재개 이야기도 나오는데 대충 마무리하면 코로나19가 봐주지 않을 겁니다. 미국 감염병 학자들이 처칠의 명언을 인용해 경고했어요. 지금은 '끝의 시작'이 아니라 '시작의 끝'이라고……."

---

4) 대한의학회지(JKMS)는 2020년 3월 16일 온라인판에 드라이브 스루 형 선별진료소를 소개하는 논문 <Drive-Through Screening Center for COVID-19 : a Safe and Efficient Screening System against Massive Community Outbreak>를 게재했다. 집필에는 드라이브 스루 진료소를 제안한 김진용 인천의료원 감염내과 과장과 한국 최초의 드라이브 스루 진료소를 운영한 권기태 칠곡경북대병원 감염관리실장 등이 참여했다.

세계적으로 앞서가는 진단키트의 개발과 수출

2000년에 설립하여 2010년에 코스닥에 상장한 씨젠은 3대 원천 기술을 바탕으로 세계에서 유일하게 동시 다수 정량 검사가 가능한 진단키트를 생산한다. 타깃 유전자만 증폭시켜 질병의 다양한 원인을 정확하게 분석하는 멀티플렉스 유전자 증폭시약, 분석소프트웨어 원천기술을 보유한 덕이다. 씨젠은 미국을 포함해 전 세계 60개국에 진단키트 등을 수출한다. 키트 생산량은 일주일에 100만 개를 넘어설 정도다. 문재인 대통령이 3월 24일 이 회사를 방문했다.

진단키트의 개발은 질병관리본부의 발 빠른 대응 덕에 가능했다. 2019년 말 중국이 코로나19 발생을 공식적으로 발표한 뒤 1월 중순 질병관리본부는 국내 유입 가능성을 열어두고 검사법 개발에 착수한다고 발표했다. 아직 국내에서 환자가 발생하지 않았지만, 치료제나 백신이 없는 상황에서 진단검사법이라는 대안이라도 있어야 한다고 판단했기 때문이다. 코로나19 발생 초기부터 진단키트 개발에 뛰어든 것이다.

2020년 1월 말 질병관리본부는 서울에서 국내 진단키트 개발 업체들과 만난 자리에서 코로나19 진단키트 개발을 독려했다. 질병관리본부가 개발한 진단시약 프로토콜도 공개했다. 2~3주 뒤 진단키트를 개발한 업체가 나왔다. 이 제품들은 긴급사용승인 제도로 식약처 허가를 받고 바로 현장에 투입됐다.

긴급사용승인 제도는 감염병 대유행 등에 대처하기 위해 긴급하게 사용이 필요한 의료기기 허가를 면제해 한시적으로 신속한 제조와 사용이 가능하도록 하는 제도다. 지금까지 코젠바이오텍, 씨젠, 솔젠트, SD바이오텍, 바이오세움 등 5개 업체의 진단키트가 긴급 사용 승인을 받았다. 코로나19 검체채취 도구와 진단키트를 생산해 수출하는 기업은 27개 기업에 이른다. 대한민국 경제에 효자기업인 셈이다.

코로나19 진단키트 개발 과정은 민간 기업의 혁신의 공공 시스템이 협업할 때 위기 대응에 큰 성과를 거둘 수 있다는 교훈을 남겨주었다.

제2부

교육현장의 대변혁

- K-교육의 새로운 가능성

대한민국은 지난 4월 9일 초·중·고등학교 온라인 개학을 단행했다. 부족한 준비 기간과 인프라 속에서 '아무도 가보지 않은 길'을 간 것이다. 이런저런 시스템 보완을 거쳐 4월 20일, 초·중·고생 약 500만 명이 한꺼번에 온라인 수업에 들어갔다. 접속 장애는 첫날인 지난달 9일과 2차 개학일인 13일을 제외하고는 심하지 않았다. 인프라, 학교, 교사, 학생, 학부모들의 환경에 따라 문제점과 격차가 나타나는 부작용도 있었지만, 두 달 가까운 비대면 수업은 성공적이라고 평가받는다.

그럼 어떻게 대한민국에서는 세계 최초의 초·중·고등학교 전 학년 온라인 개학이 가능했을까?

가장 먼저 인터넷 인프라 보급률을 꼽을 수 있다. 2018년 2분기 OECD 국가들 가운데 한국은 유선 인터넷 광인터넷 보급률 78.5%로 1위다. OECD 평균은 24.8%밖에 안 된다. 쌍방향 온라인 수업에는 속도가 중요한데, 한국 인터넷 평균 속도는 20.5Mb/s로 앞서간다. Nexflix, 디즈니+ 등 OTT 서비스 기업들이 한국 시장에 큰 관심을 보이는 이유다. 그렇다고 해서 이것만으로 온라인 개학이 가능하지는 않다. 인터넷 인프라 보급률은 필요조건이지, 충분조건은 아니다.

둘째, 대한민국의 최대 발전 요인인 교육열이다. 우리나라는 1차 온라인 개학에서 98%의 출석률을 보였다. 아직 대한민국 교육열이 식지 않았다는 것을 잘 보여주는 증거다. 교육을 통해 인재부국으로 나아가는 것이 우리나라가 갈 길이자 미래라는 것에 국민 전체가 동의한다고도 볼 수 있다.

셋째, 선생님들의 적극적인 준비와 노력이다. 초·중·고등학교 선생님들은 갑자기 온라인 수업이라는 새로운 과제에 직면했다. 대학교 교수는 디지털 기기에 익숙한 조교라도 있지, 한국의 초·중·고등학교는 그렇지 못하다. 하지만 선생님들은 여러 시행착오를 거치면서도 성공적으로 온라인 수업을 해냈다.

지금은 대면 수업이 시작됐지만, 그동안 선생님들의 온라인 수업을 어떻게 준비했으며 어떤 프로세스로 진행했고, 어떤 문제가 있었는지 파악하기 위해 현장의 초·중·고등학교 선생님들을 대상으로 설문조사 및 인터뷰를 진행했다. 개별적으로 학부모들의 이야기도 들어보았다. 위기를 기회로 만들고, 선생님, 학생, 학부모 모두가 행복해지는 새 모델을 찾아가기 위해서다. 교육 당국과 학교, 선생님, 학생, 그리고 학부모가 코로나19라는 비상사태를 맞아 온라인 교육으로 무엇을 배워야 하고, 무엇을 발전시켜가야 하며, 새로운 대안에는 무엇이 있을지 함께 고민해보자.

1

초유의
온라인 개학

교육청과 학교 이야기

2020년 2월 말까지만 해도 교육부는 온라인 개학에 대한 대책과 확고한 방침을 세우지 못했다. 코로나19의 확산세가 계속되자 3월 2일로 예정되었던 전국 초·중·고등학교의 개학일이 3월 9일, 3월 23일, 4월 6일로 계속 연기됐다.

정식 개학이 연기되자 서울시교육청 등 일부 기관은 독서·토론 교육을 활용한 '집콕 독서'를 시행했다. 학교가 교과별 교육과정을 구성해 제시한 독서 기반 학생 활동 프로그램이었다. 시 교육청이 학교에 운영방안 및 자료를 제시하면, 학교가 사정에 맞게 자율적으로 프로그램을 구성했다. 운영은 교과연계형과 인문교양형 두 가지로, 교과연계형은 교과별 핵심 개념이나 주제와 관련한 독서 목록과 활동 제공 지침을 마련했고 인문교양형은 인문학적 교양 증진을 돕기 위해 학년별로 맞는 도서 목록을 제공했다. 교사가 독서활동 과제를 제시하면 학생이 개별적으로 책을 읽고 온라인으로 10분간 교사와 토론하기도 했다. 학생과 교사의 유대감을 쌓고, 공교육 공백기를 최소화하자는 목적이었다.

코로나19 확진자가 계속 늘어나고 학교, 교사, 학생, 학부모 모두 불안해하는 상황이지만 개학을 끝없이 연기할 수도 없는 노릇이라 교육부는 비대면 교육, 즉 온라인 개학을 검토할 수밖에 없었다. 결국 교육부는 "2020년 3월 31일 유치원을 제외한 전국 모든 초·중·고등학교의 첫 온라인 개학을 시행한다"고 밝혔다. 이에 따라 4월 9일부터 진학을 앞둔 상급생인 고3·중3 학생들부터 차례대로 온라인 개학을 시작했다.

부산시교육청은 초등학교의 경우 교사가 제공한 주간학습계획안에 따라 '초등 원터치 공부방'을 도입했다. 부산시교육청이 주관하는 e학습터에서 학생 개개인이 원하는 수업을 선택할 수 있다. 중·고등학생의 경우 부산진로진학지원센터에서 자기주도학습과 진로 탐색을 지원했다. 부산 지역의 대표 교사들은 '가정학습 꿀팁'도 제공했다. 가정학습을 위한 여러 사이트와 학년별 팁을 제공해 코로나19로 인한 온라인 학습 장기전 대비에 들어간 것이다.

지역에 따라 학교에 따라 선생님의 집단 지성과 협업이 빛나는 곳이 있었는가 하면 그렇지 못한 학교나 교사들도 많았다. 경북 영주의 C선생님(초등)은 경상북도교육청에서 받는 꾸러미 예시 자료가 큰 도움이 됐다고 밝혔다. 인천의 J선생님(중등)은 교육청의 온라인 플랫폼을 적극 활용해 도움을 받았다고 말했다. 그러나 대다수 선생님은 교육청보다 동료 선생님들의 도움이 컸다고 대답했다.

온라인 수업을 위한 준비 단계를 구체적으로 살펴보면 아래와 같다.

초등학생 : 학년별 주간학습계획표 제공, 원터치 시스템 도입으로
단순화 추구

중학생 : 예습과 복습을 요약본 위주로 진행하고 국영수사과 중심
의 학습 플랜 마련

고등학생 : 자기주도학습으로 개념 이해 중심으로 개편

구분	권장 온라인 학습처
초등학생	① EBS 초등(https://primary.ebs.co.kr)
	② 부산시교육청 e학습터(https://cls.edunet.net)
	③ 디지털교과서(https://webdt.edunet.net)
	④ 독서교육종합지원시스템(https://reading.pen.go.kr)
중학생	① 코로나19 대응 가정학습 코너(https://www.pen.go.kr)
	② 부산시교육청 e학습터(https://cls.edunet.net/cyber)
	③ EBS 온라인 교실 활용 자기주도학습(https://mid.ebs.co.kr)
고등학생	① 코로나19 대응 가정학습 코너(https://www.pen.go.kr)
	② EBS 온라인 교실 활용 자기주도학습(http://www.ebsi.co.kr)
진로 · 진학	① 부산진로진학지원센터(https://dream.pen.go.kr/center)
	② 부산진학길마중 모바일 상담(네이버 밴드 연동 실시간 진학 상담) (https://band.us/band/67220979)
	③ 대입지원관과 함께하는 대입공감 똑똑, 톡(talk) (유튜브 동영상 탑재) (https://www.youtube.com/channel/UCeSAY49vpnOUobXsgIIXVNw)

코로나19 개학 연기 대응 온라인 학습처 (제공:부산시교육청)

2차 개학 연기로 코로나19 사태가 장기화될 조짐이 보이자 사교육이 심화되고 긴급 돌봄 서비스 요청이 늘어났으며, 가정환경에 따른 교육 인프라 차이가 문제점으로 등장했다. 이에 따라 경상북도교육청을 비롯해 부산시교육청, 전라남도교육청 등 수많은 교육청이 온라인으로 수업하기 위한 장비, 즉 인프라에 대한 적극적인 지원에 나섰다. 수업 결손 방지를 위해 학생들에게 스마트패드를 지급하고, 디지털 기기 이용에 약한 학생들을 위해 개인 지도에 나서기도 했다.

전라남도교육청은 구글 클래스룸Google Classroom을 활용할 것을 권장했고, 목포 정명여자중학교에서는 학생들의 예습을 위한 다양한 콘텐츠 확보에 나섰다. 경기도 성남의 L선생님(중등)은 교육청이 재빨리 지원해준 물품에 도움을 받았다고 말했다.

부산시교육청은 온라인 수업 지원 플랫폼인 '에듀테크 199'를 구축해 운영했다. 구축의 주역은 부산인공지능활용 교육지원단 13명의 교사이다. 이들은 마이크로소프트Microsoft의 MIE와 애플 ADE 등으로부터 혁신 교사 자격을 부여받은 전문가들이다.

초등학교 교사들도 발 벗고 나섰다. 이들은 '학교가자.com' 사이트를 개설했다. 코로나19로 인해 학습 공백을 막기 위함이다. 스무 명의 교사가 직접 개설하고 운영하는 사이트로 매일 학년별로 학생이 가정에서 학습할 내용이 업로드된다. 자율학습형으로 진화한 셈이다.

코로나19를 계기로 교육부와 교육청에 대한 선생님들의 주문도 있었다. 경기도 남양주의 P선생님(고등)은 코로나19를 기회로 교육부와 교육청이 교실마다 무선인터넷을 구축해 학생이 수업이나 학습

시간에 다양한 온라인 도구를 활용해 학습하고 생활할 수 있도록 나서길 바란다고 요청했다.

코로나19 때문에 온라인 개학이라는 가보지 않은 길을 걷게 됨에 따라, 두려움과 불안감이 교차하는 가운데서 부산 동성초등학교의 온라인 개학식은 영국 공영방송 BBC가 특집 보도할 만큼 화제를 불러일으켰다. 교장선생님이 디즈니 애니메이션 〈겨울왕국〉의 '엘사'로 변신해 아이들의 눈길을 끌려 노력했기 때문이다. '반백 살 엘사'는 위기를 즐거운 도전으로 반전시키는, 창의적 발상을 보여준 대표적인 사례라고 볼 수 있다.

4월 20일 초등학교 저학년까지 온라인으로 개학하면서 540만 명의 초·중·고등학교 학생이 온라인으로 교육받았다. 대학생 267만 명을 합치면 국민 다섯 명 중 한 명꼴로 온라인 교육을 받는 셈이다. 신종 코로나19가 불러온 새로운 도전이었다. IT 강국답게 처음에 우려했던 접속 장애는 심하지 않았다.

민병희 강원도교육감은 온라인 수업의 성과를 이렇게 설명했다. 그는 "한 시간 수업에 필요한 영상을 몇 시간에 걸쳐 제작하여 올리고 아이들과 일일이 소통하는 선생님들을 어렵지 않게 만날 수 있었다. 쌍방향 수업이든, 콘텐츠를 활용하는 수업이든, 과제수행형 수업이든 교사와 학생 사이에 소통이 없는 수업은 없다"는 것을 실감했다. 온라인 수업은 학교 교육계에 새로운 과제와 가능성을 던지고 있다.

2

미지의
온라인 수업

교사와 학생 이야기

두렵지만 헤쳐나갈 용기

　온라인 개학에 선생님이 어떤 생각을 가졌고, 어떻게 대응했는지 조사했다. 첫 번째 질문은 "코로나19로 인한 온라인 개학 소식을 접하고 어떤 기분을 느꼈는가?"였다. 창원의 L선생님(초등)은 "어떻게 해야 할지 뚜렷한 매뉴얼이 없는 상황에 나를 포함한 교사들이 답답함, 두려움을 느꼈을 것 같다"라고, 인천 K선생님(초등)은 "갑작스럽다. 당황스럽고 막막하다"라고 답변했다. 한편, 서울 보성여자고등학교 김혜진 선생님은 "열악한 한부모가정의 학생이나 학부모가 디지털 기기 활용에 약한 학생들, 그리고 장애인 학생들은 어떻게 지원해야 하나?"하고 반문했다.

사상 초유의 온라인 수업에 많은 선생님이 두려움, 당혹감, 그리고 걱정을 표현했다. 당연한 일이다. 하지만 대한민국이 어떠한 나라고, 우리 선생님들이 어떤 분들인가! 정보통신과 스마트폰 최강국답게 선생님들 사이에 '위기를 기회로 만들자'는 분위기도 나타났다. 서울 보성여자고등학교 김혜진 선생님은 "새로운 방식의 교육이 이루어질 수밖에 없겠구나, 과연 우리 학교는 어떻게 대처할까?"라는 말로 새로운 교육에 대한 기대를 나타냈고, 성남의 L선생님(중등)은 "새로운 기회를 맞는다는 점에서 온라인 개학은 좋은 생각"이라고 답변했다. 부산의 J선생님(초등)은 가보지 않은 길에 대한 두려움이 있긴 했지만 새로운 도전에 대한 기대감을 가지고 시작했던 것 같다고도 답변했다.

한마디로, 온라인 수업에 많은 선생님이 걱정스럽게 우려했지만, 또 많은 선생님이 새로운 가능성과 기회를 엿보는 담대함을 보여줬다.

수업 방식에도 큰 변화가 일었다. 먼저 동료 선생님끼리 적극적으로 협업했다. 공동으로 사이트를 만들거나 수업을 준비했다. 디지털 기기에 대한 학습과 워크숍을 자발적으로 진행했다. 인천의 L선생님(초등)은 "교사들끼리 커뮤니티에 정보를 많이 공유했다. 지역별 교과 연구회에서 해당 과목 내용을 동영상으로 올려주는 곳이 많았다. 풀이를 직접 보여주는 것은 휴대폰을 많이 사용했고, 클래스팅이나 e학습터 같은 플랫폼에 학생들을 가입시키고 출석 체크했다"라고 이야기했다.

교육 패러다임의 변화

선생님들은 기존 수업과 온라인 수업을 비교하면서 새롭게 교육의 의미를 성찰하기 시작했다. 학생 개개인에 맞춤형 학습 지도에 이전보다 큰 의미가 부여됐다. 암기식이 아니라 자기주도학습으로의 전환이 시작됐다. 수업 계획을 제시하고, 관련 영상과 텍스트 등을 제공했다. 경북 영주의 C선생님(초등)은 온라인 수업으로 "자기주도학습이 매우 중요하다는 것을 느꼈다"라고 답했다. 이 외에도 여러 선생님이 학생 스스로 주도하는 학습의 중요성을 강조했다.

우리 사회에서 많이 알려진 자기주도학습 방식은 '거꾸로교실'이다. 학생은 집에서 교사가 제작한 동영상부터 시청한다. 학교에서는 교사의 지도 아래서 조별로 발표하고, 서로 가르치면서 협업하는 과정에서 학습한다. 코로나19로 인해 자연스럽게 교육현장에 새로운 학습 방식이 들어온 것이다.

부산의 J선생님(초등)은 온라인 수업으로 새로운 교육방법을 시도할 기회를 포착했다. "평소에 해보고 싶던 '거꾸로수업이 이렇게 하면 가능하겠구나!'라는 생각이 들었고 온라인 수업이 끝나더라도 학습 도움이 필요한 아이들을 위한 동영상을 제작해야겠다고 생각했다"라고 이야기했다. 창원의 L선생님(초등)도 "온라인 수업에 블렌디드(거꾸로교실) 개념을 적용해볼 수 있다. 핵심 내용은 10분으로 온라인으로 학습하고, 학습한 내용을 바탕으로 다양한 체험과 토의토론의 장으로 교실을 활용해야 한다. 앞으로 온라인과 오프라인 교육의 결합이 필요하다. 온·오프라인 수업에 대한 다양한 아이디어의 수집이 필요하다"라고 했다.

코로나19로 인한 온라인 수업 덕에 발견한 새로운 모습은 학생이 자기 의견을 적극적으로 개진하는 것을 넘어서 교육이 단순히 가르침에만 의존하는 것이 아니라 스스로 학습하는 자기주도 학습 중요성을 일깨우는 계기가 됐다.

이에 부산의 J선생님(초등)은 "온라인 수업으로 아이들의 새로운 모습을 발견할 수 있었다"고 말했다. 인천의 K선생님도 "초등학교 3학년임에도 불구하고 학생이 댓글 달기 등 자기 의견을 적극적으로 표현한다"라고 했으며 많은 교사가 온라인 수업이 학생들의 새로운 면모를 발견하는 계기가 되었다고 했다.

진정한 블렌디드 수업 시대의 개막

수학, 영어 등의 개별 과목에 구체적으로 어떤 방식과 이슈로 블렌디드 학습을 접목할지에 대한 심층적인 분석과 연구가 필요하다. 《거꾸로교실 프로젝트》(미래교실네트워크, 에듀니티, 2015)에 다양한 사례가 제시되지만, 몇몇 과목과 몇몇 교사의 사례에 한정된다. 수백만 학생과 수만의 학교와 학급의 다양성과 다원성을 뒷받침할 방안이 마련돼야 한다.

블렌디드 학습 방식이 발전하려면 미래 기술과의 접목이 반드시 필요하다. 전문가들도 그래야 효과를 발휘할 수 있다고 지적한다. 즉, 교사 개인을 넘어서 미래 핵심 기술인 빅데이터, 인공지능에 기반을 둔 미래형 학습 모델을 개발해야 한다. 선생님들에게도 이런 신기술에 대한 지식과 역량이 요구된다.

비대면 수업으로 오히려 학생과 선생님과의 소통과 교류도 활성화되는 측면도 있었다. 학생들은 '디지털 네이티브 세대'인데, 선생님 역시 이 기회에 디지털 이주자가 된 셈이다. 따라서 새로운 생태계에서 교사와 개별 학생과의 대화가 활성화될 수밖에 없다.

그렇게 대한민국의 초·중·고 50만 교사들은 온라인 개학에 맞서 교육의 '대전환^{pivot}'에 앞장서고 있었다. 새로운 경험으로 더 많은 장점을 얻었다는 평가다. 수많은 교사가 좌충우돌했지만, 실패도 경험으로 삼아 그들은 미래로 한 걸음 더 나아갔다.

온라인 수업에 활용된 디지털 기기와 소셜미디어들

온라인 수업 준비를 위해 활용한 플랫폼은 'EBS 방송과 학습꾸러미', '교사 커뮤니티', '클래스팅', 'e학습터', '네이버 밴드', 'OBS 스튜디오', '유튜브' 등으로 그야말로 다양했다.

선생님들은 콘텐츠 제작에 많은 시간과 노력을 투입했다. 얼마나 많은 콘텐츠를 활용하고, 동영상을 제작하느냐에 따라 온라인 수업 콘텐츠의 변별력이 생기기 때문이다. 여러 선생님이 이해가 잘되지 않는다고 하는 학생들을 위한 콘텐츠와 더 깊은 학습을 원하는 학생들을 위한 콘텐츠를 만들었다고 밝혔다. 학교 선생님들은 EBS 교육방송과 달리 학생들의 수준과 성향을 잘 아는 것이 최고의 자산이라고 밝혔다.

이어서 학생들과 쌍방향 수업을 위해 고등학교의 경우 경기도 남양주의 P선생님(고등)은 먼저 수업 파워포인트를 만들고, 이를 줌^{Zoom}과 OCS[1]를 이용해 촬영하고, 이 동영상을 유튜브에 올리고 온라인 클래스에 링크로 수업을 진행한다고 밝혔다. 성남의 L선생님(중등)은 EBS 온라인 클래스를 기본으로 EBS 자료를 쓰며 직접 녹화한 영상도 올리고, 구글 설문지를 활용하여 수업자료와 학생들의 응답을 받는다. 수업 운영을 위해 카톡방을 만들고, 학생과 학부모에게 단체 문자로 안내한다고 설명했다. 하남의 J선생님(중등) 역시 EBS 온라인 클래스를 바탕으로 과제를 제시하여 네이버 카페, 카카오톡, 구글 설문 등으로 학생의 학습 정도를 체크한다고 밝혔다. 창원의 L선생님(초등)등 많은 교사가 파워포인트로 영상을 만들고, 소셜미디어와 e학습터를 이용했다고 응답했다.

종합하면 다음과 같다. 사전에 교사 커뮤니티나 유튜브로 온라인 수업 준비에 대한 정보를 수집하고, 이를 기반으로 파워포인트로 자료를 만들거나 영상 자료를 만들고, 이를 EBS 온라인 클래스나 유튜

---

1) Open Broadcast Software, 방송 보조 및 동영상 캡쳐(녹화) 등의 기능을 제공하는 오픈 소스 소프트웨어.

브에 올리고, 네이버 밴드나 카톡으로 정보를 제공하고 수업을 안내하는 방식을 거의 택했다.

선생님들은 학생이 쉽게 접근할 수 있으면서도 연계 활동이 가능한 플랫폼을 주로 골라 사용했다. 소통은 주로 카카오톡, 과제·시간표 제시와 제출은 네이버 밴드, 온라인 강의는 e학습터(시·도교육청이 운영하는 온라인 학습 서비스)와 EBS 온라인 클래스, 줌을 사용했다.

전쟁 같은 온라인 수업

학습 플랫폼 가입을 안 했거나 승인 신청을 안 한 학생들 때문에, 초기 온라인 수업은 마치 전쟁과도 같았다고 한다. 이미 언급했듯이 학습 플랫폼은 다양할 뿐 아니라 온라인 클래스의 경우엔 과목마다 승인 신청을 하고, 각 교과 교사로부터 승인을 받은 뒤 또다시 수강 신청해야 하는 등 절차가 매우 복잡하기 때문에 교사와 학생 모두 혼란스러울 수 있었다. 덧붙여 온라인 개학을 두고 저학년은 '부모 개학'이라는 말이 나왔는데, 고학년일수록 '담임 개학'이었다고 한다. 전화해서 잠자는 학생들 깨우고 원격교육 플랫폼에 가입시키는 등 기존과 다른 수많은 일을 처리해야 했기 때문이다.

초등학생에서 온라인 수업은 끝없는 기상·출석 전쟁이었다고도 한다. 매번 늦는 아이가 다섯 명쯤 됐기 때문이다. 전화해도 아이와 통화가 안 될 때는 부모와 연락해 아이를 깨웠다. 선생님이 휴대전화로 줌을 켜고 아이들을 불러 모았다. 초등학교 저학년 선생님의 경우 종일 전화를 붙잡고 살다시피 했다. 학생이 정해진 아홉 시에 접속하지 않을뿐더러 중간에 나가는 경우도 많았기 때문이다. 학생들에게 일일이 전화하고, 학생하고 통화가 안 되면 부모와 연락하다 보니 전화 통화에 많은 시간을 투자했다.

아직 디지털 기기에 익숙하지 않은 학생들과 학부모의 경우 "로그인이 안 된다", "과제는 어떻게 올리냐" 등 다양한 질문을 쏟아냈다. 그러다 보니 초기에는 선생님이 전화 통화로 기진맥진해지기도 했다.

막 전입해 왔거나 다른 학년을 맡은 일부 교사들은 아직 학생들 얼굴도 모르는 상태에서 온라인으로 수업하는 당혹감을 토로했다. 아이들을 직접 만나 얼굴과 표정을 보면 학생을 이해할 수 있는데, 온라인으로만 수업하니 어렵다는 얘기다.

온라인 수업 프로세스는 초·중·고 단계나 학년이나 수업마다 큰 차이를 보였고, 학생별로도 차이가 컸다고 한다. 고등학교 3학년의 경우 전체 과목이 26개이고, 학생별로 시간표가 다 다르다. 자기가 선택한 과목 뭔지 모르는 학생도 많았다. 등교할 때는 문제가 안 되지만, 온라인 수업에서는 개별 지도가 필요했다. 한 선생님은 학생마다 받아야 하는 교과서나 학습지가 제각각이다. 온라인 개학에 앞서 교과서 배부부터 쉽지 않았다. 교사가 며칠 밤낮 달라붙어 전교생 교과서와 2주치 학습 자료를 학생별로 일일이 분류하고, 이를 우편으로 보내야 했다고 어려움을 토로했다. 평소와 다른 온라인 개학에 교사의 노고가 읽히는 대목이다.

또 다른 선생님은 "온라인 개학하면서 교사들에겐 퇴근이 없어졌다. 잠잘 때 빼고는 계속 학생들 문의를 받는다거나 퇴근하더라도 집에서 수업 준비하거나 하는 상황이다. 생각해보니 학생 관리, 학습지 제작과 배부, 학습 영상 제작과 편집, 시스템 관리 등 대형 학원에서 나눠서 하는 일을 한 명의 교사가 혼자 다 한다"고 밝혔다.

　온라인 수업으로 영상물 제작, 콘텐츠 활용, 과제 제출과 피드백 등으로 선생님의 과제가 대폭 늘어난 것이다. 많은 선생님이 비대면 수업이 대면 수업보다 3배 많은 시간과 노력이 필요하다고 입을 모은다. 하지만 온라인 개학은 선생님들에게 '온라인 수업, 별거 아니네'라고 느끼고 새로운 도전의식을 불어넣은 데 의미가 있다고 본다. 현재 많은 교사가 등교 수업 뒤에도 보조적 수단으로 원격 수업을 활용하겠다고 말하고 있다. 이제 교사들은 상황에 따라 또한 교육대상과 목적에 맞춰 원격 수업 방식을 적절하게 활용하는 능력을 갖추게 된 것이다.

3

부담과 기쁨을
동시에

학부모와 학생 이야기

온라인 개학으로 인한 학부모의 고충

"모든 사람이 어서 행복해졌으면 좋겠습니다."

대구의 한 초등학교 학급 밴드에 한 아이 엄마가 올린 글이다. 온라인 개학으로 아이들이 집에 묶여 있게 되면서 부모가 감내해야 할 무게도 가중됐다. 한 엄마는 "마음을 잘 다스리자"라고 아이들과 선생님을 격려했다. 선생님도 아이들을 북돋웠다.

"힘냅시다. 함께 돕고 행복하게 살아가는 게 학벌이나 경쟁보다 더 중요한 가치니까, 이것이 공부 목표가 됐습니다."

온라인 개학으로 많은 학부모가 고충을 겪었다. 초등학교 2학년

아들이 있는 홍지연 씨는 지난달 20일부터 사흘간 휴가를 냈다. 사이트에 접속해 수업을 받고 숙제하는 과정을 아이 혼자 하는 것은 거의 불가능하기 때문이다. 홍 씨는 "출근한 뒤에도 몇 차례 아이가 수업을 빼먹었다는 전화를 받았고, 확인해보니 졸고 있거나 다른 동영상을 보고 있었다. 당분간 휴직해야 하나 고민 중이다"라고 말했다.

두 명의 학생 자녀를 둔 부모들은 컴퓨터가 한 대뿐인데 아이는 둘이라 곤혹스럽다고 토로하기도 한다. 학부모도 디지털 기기에 익숙하지 못한데, 자녀 역시 이를 잘 다루지 못하면 어려움은 가중된다. "이럴 때일수록 아이가 뒤처지지 않기 위해 사교육에 투자해야 한다"는 주위 목소리에 흔들리는 것도 이해가 된다.

발달장애 아이를 둔 학부모는 더욱더 많은 어려움을 겪고 있다. 아이와 함께 하는 등교, 독서, 산책 등의 일상이 깨지기 때문이다. 코로나19 때문에 집에만 있다 보니 생긴 불안감이나 우울감으로 인해 일부 학생들이 폭력적인 행동을 보일 때는 더욱 심란하다. 어떤 학부모들은 온라인 개학을 철회해야 한다며 성명서도 냈다.

온라인 개학, 내 아이를 이해하는 새로운 기회?

"온라인 수업 덕에 우리 아이가 수업을 어떻게 듣는지, 문제는 어떤 식으로 푸는지 등 성적표만으로는 알 수 없던 모습을 볼 수 있었다"라며 내 아이를 깊이 이해하는 소중한 기회를 얻었다고 자평하는 학부모도 있다.

스터디홀릭 강명규 대표는 이렇게 설명한다.[2]

"대표적인 게 글 읽는 습관이다. 우리 아이는 책을 빨리 읽어서 속독을 잘한다고 생각했는데 알고 보니 단어를 건너뛰며 읽고 있었다. 이러니 틀릴 수밖에. 꼼꼼히 읽지 않으니 맞는 답을 찾으라는데 틀린 것을 찾고, 모두 찾으라는데 하나만 찾고 있던 거다. 문제점을 알아차리니 아이를 어떻게 가르쳐야 할지 방향이 보였다. 먼저 아이와 함께 소리 내서 글을 읽고 중요한 부분에 밑줄 치는 연습을 시작했다. 짧은 글을 읽고 제목도 달아보고, 출제 의도를 파악하는 연습까지 하자 아이의 변화가 느껴졌다. 역시 아이를 바꾸는 것은 부모의 관심이라는 생각에 마음이 뿌듯했다."

강 대표는 내친김에 수학도 가르쳐봤다. 지난 학기 문제집에서 까다로운 문제들을 골라 풀어보게 하니 구멍 난 곳이 드러났다.

"선행학습을 제법 했기에 자기 학년 내용은 제대로 알 줄 알았는데, 구멍이 많이 뚫려 있었다. 그동안 헛공부한 것이다. 수학은 상위 개념을 활용하면 문제 풀이가 쉬워지니 선배들의 공식을 이용해 문제를 푸는 얄팍한 기술만 늘어 있었다. 정작 중요한 것은 개념을 정확히 이해하고 문제해결 전략을 수립하는 수학적 사고력인데 말이다. 나 역시 진도 경쟁에 빠져 아이를 웃자라게 했다는 생각에 반성했다.

---

2) 강명국, '내 아이를 알게 된 소중한 기회', <경향신문> 2020. 5. 4.

선행학습을 멈추고 지난 학기 진도부터 다시 복습했다. 개념부터 꼼꼼히 읽고 틀린 문제는 정확히 풀 때까지 몇 번이고 다시 풀게 하니 기본기가 탄탄해졌다. 문제도 일일이 식을 써서 풀게 하자 암산으로 대충 풀던 습관이 조금씩 고쳐졌다."

학교나 학원에서 단체로 진도 나가느라 놓쳤던 부분이 이번 기회에 제대로 메워진 것이다.

"코로나19로 학교도 안 가고 학원도 안 가기 시작할 때는 제대로 공부할까 걱정스러운 마음도 있었지만, 오히려 아이의 공부 습관을 돌아보고 구멍 난 부분을 메울 수 있어 큰 행운이었다. 학부모와 아이와 머리를 맞댄 채 문제 풀 때는 동지애까지 느껴질 정도였다."

위기를 기회를 만드는 사례를 잘 보여줬다고 할 만하다. 나는 집 근처 북한산을 오르면서 가족의 정을 쌓는 학부모와 학생도 많이 만났다.

"처음으로 부모님과 등산을 왔다. 기분도 상쾌하고 새로운 경험도 쌓았다."

평창동 세검정초등학교에 다닌다는 학생의 이야기다. '사회적 거리두기'와 온라인 수업으로 어떤 가족은 새로운 발견에 더해 좋은 기회를 얻었다. 앞서 말한 대로 어려워하고, 곤란해하는 가족도 많지만 말이다.

선생님들이 이야기하는 학부모와 학생들의 반응

창원의 L선생님(초등)은 피드백이 주로 학급홈페이지나 e학습터를 통해서 이뤄진다면서 많은 아이가 온라인 수업에 대해 전반적으로 열심히 참여하며 반응도 재미있다는 평가가 많았다고 답변했다. 부산의 J선생님(초등) 역시 "학생들뿐만 아니라 학부모님들 역시 처음에는 힘들어하셨는데 점차 적응해서 학생들이 수업에도 잘 따라오고, 과제 제출도 열심히 잘한다"고 대답했다. 물론 혼란스럽고 힘들다는 대답도 많았다. 하지만 많은 선생님이 생각보다 온라인 수업이 좋았다면서 유튜브의 경우 시청자가 몇 명인지, 몇 분간 동영상을 시청했는지 통계가 나오는데 의외로 초등학교 3학년 학생 거의 전체가 영상을 끝까지 시청했다고 뿌듯해했다.

중학교 학부모와 학생들의 경우 자기의 기간을 계획적으로 활용할 수 있어 좋았다는 평가와 함께 비교적 만족한다는 응답을 받을 수 있었다. 덧붙여, 일부 학부모는 "코로나19 시대에 정말 필요한 건 자녀와의 사회적 거리두기"라고 답변했다. 직접 자식 교육하기가 매우 어렵기에 나온 말이다. 마지막으로 많은 학부모가 온라인 개학이 극기克己 훈련이라고 불평하면서도 "공교육에 실망했지만, 학교의 중요성은 더 커질 것"이라고 입을 모았다.

'교과교육'을 넘어서 '인성교육'이 중요하다는 지적도 있었다. 학교 공동체 생활에서 이뤄지는 인성교육은 도저히 집에서 대체할 수 없다는 이야기였다. 학교의 역할은 가르침과 학생 상담, 친구들 관계,

그리고 공동체 생활 등이다. 온라인 수업으로 학습의 패러다임은 바뀔 수 있어도 공동체와 배려, 다름의 가치 등을 체험하게 하는 학교의 역할은 변하지 않을 것이다. 앞으로 온라인 수업이 자리 잡더라도 학교는 이 역할들을 소홀히 하지 말아야 한다.

수업 다이어트

교육개혁의 일환으로 '수업 다이어트'에도 주목했다. 식단에 비유하자면 현재 우리나라 학교 교육은 저단백 고열량이다. 과목 수가 너무 많다. 온라인 개학에 이 같은 병폐가 더욱 뚜렷하게 드러났다. 예를 들어, 중학교 1학년 학생 경우 수업 시간표 과목이 13개였다. 온라인 개학에 맞춰 학교에서 개설한 온라인 강좌 수는 15개였다. 동영상 강의를 하루에 6~7개씩 들어야 할 정도로 로드가 많았다. 딸린 과제도 많고, 의무적으로 피드백도 해야 하니 선생님들의 피로도는 높아질 수밖에 없다. 독일이나 미국의 경우 우리 중학교 1학년에 해당하는 학생이 배우는 교과는 6과목으로 원격 수업은 3개 정도만 시청한다. 한국의 선생님과 학생들은 2, 3배로 노력하고 시청하는 것이다. 과연 이것이 효율적이고 생산적일까?

교육학자들은 이런 문제가 발생하는 까닭이 학생들 필요가 아니라 교과 이기주의와 교사들 밥그릇 싸움으로 만들어진 시스템 때문이라고 비판한다. 역사 과목을 예로 들어보자.

"국사·동양사·서양사학과로 나뉜 서울대학교를 제외하면 대부분 대학교에 사학과만 있다. 그런데 고등학생이 한국사, 세계사, 동아시아사 등으로 잘게 쪼개 배운다. 코로나19를 기회로 교과 수를 선진국처럼 대폭 줄인 고단백 저열량 수업으로 혁신해야 한다."

코로나19를 계기로 교육 당국이 교사와 학생들의 부담을 줄이는 수업 다이어트를 수용하길 기대해본다.

4

대학교의
온라인 강의

경기대학교 미디어영상학과를 중심으로

대학교 온라인 개학에 대한 평가

전국 각지의 대학교들도 전면적인 온라인 개학에 들어갔다. 그런데 일부 강의에서 "16년 전 녹화한 강의 영상을 틀어줬다"는 비판이 언론에 보도됐다.[3] 10, 20분간 강의한 뒤 과제를 서너 개씩 내주거나, 논문을 올려놓고 강의 시간 내내 요약해 제출하라고 하는 경우도 있었다고 한다. 실험과 실습이 필수인 예체능 계열과 공과대학, 간호

---

3) '준비 부족해 교수·학생 다 불만... 등록금 인하 요구도', <이코노미 조선>, 2020.03.16.
　　'"더 이상 못 참아" 대학들 부실 온라인강의에 학생 불만 폭주', <동아닷컴>, 2020.04.01.
　　'"과제 내고 잠수탄 교수님" 수치로 확인된 저질 온라인수업', <중앙일보>, 2020.06.20.

대학 학생들은 불만이 더 크다. 한 컴퓨터디자인 전공 학생은 이렇게 말했다.

"값비싼 장비와 소프트웨어가 갖춰진 랩이 폐쇄돼 실습은 해보지도 못했다. 가뜩이나 등록금도 비싼데 억울하다."

전국 26개 대학교 총학생회 연대인 전국대학교학생회네트워크(전대넷)가 2만1,784명의 대학생에게 설문조사한 결과, 응답자의 82%가 "온라인 수업의 질이 떨어진다"라고 답했다. 일부 대학생은 등록금 반환투쟁도 벌이고 있다.

하지만 대학교의 온라인 강의는 이미 정착됐다. 많은 학생이 코로나19 상황에서 대면 수업보다 온라인 강의를 선호한다고 밝혔다. 이는 대학생 설문조사에서 나타나고 있다. 2020년 6월 구인구직 포털인 알바천국이 전국 대학생 1,847명을 대상으로 실시한 설문조사에서 온라인 수업 등 비대면 방식으로 진행된 1학기 대학 생활 만족도에 대해서는 대체적으로 '만족'한다는 응답이 많았다. '보통(39.2%)' 다음으로 '매우 만족'이 7.2%, '만족'이 24.1% 등 전반적으로 만족하는 대학생이 많은 것으로 나타났다.

대학교와 초·중·고등학교 온라인 수업의 차이?

고등학교와 비교해 일반 대학교에서 온라인 수업을 어떻게 준비하고 진행하는지 알고 싶다고 요청한 고등학교 선생님이 있었다. 초·중·

고등학교의 온라인 수업의 발전을 위해서 대학교의 온라인 수업을 파악하고 싶다고 말이다.

대학교에서는 어떻게 온라인 수업을 준비, 진행했을까? 초·중·고등학교와 대학교의 온라인 수업은 어떤 차이가 있을까? 온라인 수업에 대한 대학생들의 평가는 어떨까? 이를 파악하기 위해 경기대학교 미디어영상학과 교수들의 도움을 받았다. 윤성옥 교수가 전체적으로 조망하고, 홍성철 교수가 보완하는 형태로 이 글을 정리했다.

솔직히 말하자면 온라인 수업 준비, 진행, 평가에 있어 대학교나 초·중·고등학교나 별반 차이는 없다. 차이가 있다면 대학교는 수업 대상이 성인인 대학생이라는 점, 또 많은 대학교가 이미 온라인 수업을 도입한 상태라 나름대로 노하우가 갖춰져 있다는 점 정도다. 영상 콘텐츠 제작 기술이나 소프트웨어 활용 기술도 대학교가 앞서 있다. 온라인 수업을 인프라에도 차이가 있다.

하지만 일부 언론에서 보도됐듯이, 교수 개개인의 차이가 두드러졌다. 10년 전 노트를 그대로 사용하는 교수와 수업마다 공부해 업그레이드하는 교수는 큰 차이를 보였다.

대학교의 온라인 수업의 준비 과정

윤성옥 교수는 경기대학교에서 강의 잘하는 '우수 교수'로, 학생들에게도 좋은 평가를 받는다. 강의 콘텐츠를 충실하게 준비하기 때문이다. 시험과 평가는 주로 오픈 북(책 등의 자료를 활용하면서 시험에 응하는 방식)을 택한다. 암기보다는 문제해결과 창의성이 중요하기 때문이다.

윤 교수는 "온라인 수업일수록 강의 시간을 잘 배분해서 짜임새 있게 진행해야 하므로 강의 노트에 더 공을 들였다"고 설명한다. 파워포인트뿐만 아니라 학생이 지루하게 않게 다양한 동영상 콘텐츠와 텍스트를 제공했다.

"쾌적한 수업 환경을 위해 노력했다. 학생들이 마이크, 카메라 등 기기 성능에 의외로 예민하기 때문이다."

장비나 기기가 좋지 않으면 교육 콘텐츠와 수업의 질이 저하되고, 디지털 세대인 학생들의 반감을 불러일으킬 수 있다. 교수자의 뒷배경, 웹 카메라, 마이크 장비 등에 세밀하게 신경 쓰고, 교수자가 최적의 '얼짱' 각도에 위치할 수 있도록 수업 환경을 준비해야 한다. 수업 콘텐츠의 사전 준비에도 당연히 공을 들여야 한다.

"강의 노트를 주로 주말에 업로드해 미리 프린트하거나 읽어보고 수업에 임하도록 했다."

윤 교수는 수업 준비를 위해 학생들과 단톡방을 개설했다. 학생들의 고충이나 의견, 질문사항, 수업 안내 등에 즉각적으로 일대다^{對多}, 일대일^{對一} 등 다양한 방식의 소통하기 위해서다. 단톡방에 강의 노트를 업로드하고, 수업 개시도 알렸다. 대학생들이 카톡을 주로 사용하기 때문이다. 초·중·고등학교는 네이버 밴드 이용이 더 많은 것으로 나타났다.

많은 교수가 온라인 수업에 줌을 사용한다. 사전에 줌에 접속해 화면 상태와 마이크 점검하고, 화면에 공유할 자료들(강의 노트, 홈페이지, 동영상 자료 등)을 컴퓨터에 준비했다. 온라인 수업에 여러 자료를 수시로 활용하기 위함이다. 경기대학교는 LMS(교육시스템)를 사용하고, everlec이라는 소프트웨어로 녹화하고 업로드한 뒤 비대면으로 강의한다. 이미 정착된 방식이기 때문이다. 아래는 온라인 수업의 어려움에 대해 토로한 윤 교수의 말이다.

"수업 시간 20분 전 접속 URL과 비밀번호를 단톡방에 고지하고, 이어 순차적으로 접속하는 학생이 자기 화면조정과 마이크 조정을 하도록 음악을 틀어준다. 이따금 음악에 맞춰 어깨춤을 추는 학생들도 있다. 대면 수업에서는 교육 목적의 음원 재생이 가능한데 온라인 수업은 저작권 문제가 걱정된다."

윤 교수는 양질의 온라인 강의를 위해선 다양한 콘텐츠를 활용하는 것이 바람직하기 때문에 저작권 확보와 침해 방지의 가이드라인이 필요하다고 지적했다.

대학교 온라인 수업 진행 과정

먼저 출석 체크다. 학생들 이름을 부르면 대답한다. 이어 지난 시간 수업 내용을 정리하고, 학생 질문에 답변한다. 그 외에도 온라인, 이메일, 카톡 등으로 들어온 학생들의 질문을 익명으로 소개하고 답변한다. 윤 교수의 경험에 따르면 학생들이 익명 질문 소개를 더 선호하기 때문에 대면 수업보다 교수자에게 더 많이 질문한다고 한다.

수업마다 공식 패널을 네 명씩 선정한다. 대면 수업처럼 다양한 학생의 의견을 들으면 산만해질 수 있어 미리 지정하는 것이다. 특정 이슈나 주제에 네 명의 학생과 교수자가 서로 대담하기도 한다. 다른 학생들은 의견이나 질문을 채팅방에 남긴다. 마치 방송 프로에서 방청객이 질문하고 의견을 나누는 방식 같다.

교수자가 온라인 동영상으로 수업 내용을 전달한다. 학생들이 지루해하는지 화면을 돌려보면서 학생들의 표정을 파악하고, 질문하거나 의견을 물어 수업의 긴장감을 유지하도록 노력한다. 학생이 수업에 방관하지 않도록 특별히 신경 쓴다.

대학교는 소그룹 토론이 중요하다. 줌에서 서너 명씩 소그룹으로 나눠 토론한다. 학생들은 토론하거나 정보를 공유하고, 교수자는 방마다 방문하여 진행 상황과 질문에 응대한다. 윤 교수는 전체 수업보다 소그룹 방에 들어갔을 때 더 반가움과 친근감을 학생들이 느끼는 것으로 보인다고 밝혔다.

마지막으로 수업 내용을 정리하고 추가 질문을 받는다. 아직 많은 학생이 직접 질문보다는 주로 채팅방 비밀 글로 질문하는데, 나중에 이를 모아서 답변하고 마지막엔 수업 종료 인사로 학생들과 박수를 치거나 양손을 흔들며 감사를 표한다. 일반적으로 한 과목당 3시간 수업이고 중간에 10분 휴식을 취한다.

대학교 온라인 수업의 문제점과 개선 방안

학생들은 온라인 수업 초기에 시스템이 제대로 작동하지 않아 어려움을 겪었다고 이야기했다. 시스템 에러 역시 기기적인 문제인데, 윤성옥 교수의 말대로 기기에 민감한 요즘 학생들은 매우 당혹스러웠을 것이다. 학생들은 디지털 기기나 소프트웨어에 익숙하지 않은 교수자의 경우 수업 진행과 공지 등에 어려움을 겪는 것을 확인할 수 있었다고 지적했다.

윤성옥 교수는 이에 교수자를 위한 교육 프로그램 개발이 필요하다고 지적한다. 온라인 강의를 위해서는 교수자에게 새로운 능력이 요구되니, 이를 위한 교육 프로그램 개발이 절실하다는 것이다. 윤 교수는 이 밖에도 수업마다 강의 환경과 교육 콘텐츠가 천차만별이기 때문에 좋은 환경 조성과 콘텐츠 표준화가 필요하다고도 주장했다. 온라인 수업의 또 다른 단점이 수업의 질 하락이기 때문이다.

경기대학교 미디어영상학과 학생들은 한결같이 "온라인 수업이 대면 수업보다 수업 질이 떨어진다"라고 대답했다. 발표, 팀플레이 수업, 토론 등 기존 오프라인 강의에서 자주 쓰이던 강의방식이 거의 불가능한 탓이다. 수업의 질 하락은 학생들의 집중력이 떨어진다는 또 다른 문제를 낳는다. 교수자는 교수자대로 학생들이 집중해서 수업을 듣는지 확인하기 어렵고, 학생들은 학생들대로 나태해진다.

교수와 학생 사이의 친근감도 대면 강의에 비해 크게 떨어지고, 교수자는 지식 전달자를 넘어서 진로 등에 대한 컨설팅 역할을 하기가 어렵다. 윤성옥 교수 역시 한 학기를 정리하면서 "온라인 강의로만 만난 학생들과 교감하는 데 많은 한계를 느꼈다"고 털어놓았다. 또 "하나의 진리에 접근하는 프로세스를 경험하고 끊임없는 질문을 던지는 학습은 온라인으로 하기 어렵다"라고도 했다.

온라인 수업은 교수와 학생뿐만 아니라 학생 간의 소통도 방해한다. 대학교에서는 친구나 선후배 사이의 소통과 논의로도 많은 것을 배울 수 있는데, 온라인 수업은 이것을 어렵게 만든다.

가정환경 또한 문제가 될 수 있다. 가정에 와이파이 공유기가 없는 학생들은 수업에 참여하기가 힘들고, 청각장애 학생들은 교수자가 어떤 말을 하는지 확인할 수 없어 불리하기 때문이다.

대학교 온라인 수업은 확실히 대면 수업보다 역시 집중력이 떨어지고, 산만했다. 교수자와 학생이 서로 눈을 보면서 대화할 수 없다는 한계도 느꼈다. 하지만 코로나19가 장기화되고 있는 현 상황에서는 어쩔 수 없이 온라인 수업의 장점을 극대화하는 방안을 적극적으로 추진할 수밖에 없다.

온라인 강의의 장점

먼저 가장 큰 장점은 수업의 '유비쿼터스'화가 가능하다는 점이다. 온라인 수업은 학생들이 장소에 구애받지 않고 편안한 분위기에서 수업을 받을 수 있게 해준다. 리플레이가 가능하다는 것도 장점이다.

이해하기 어려운 경우 언제든지 영상 강의를 다시 들을 수 있다. 또한, 대면 강의에서 쭈뼛대던 학생들도 온라인 강의에서는 적극적으로 의견을 표현하는 경우가 많다고 한다.

한 경기대학교 미디어영상학과 4학년 학생은 "워낙 소극적이라 대면 수업에서는 발표나 토론에 나서지 못하는 동급생이 있었는데, 온라인 수업에서는 적극적으로 자신의 의견을 표현한다"고 말했다.

인간관계의 부담이 적다는 점을 장점으로 뽑은 학생도 있었다. 대학교에는 개강 총회, MT, 신입생 환영회, 축제 등 다양한 행사뿐만 아니라 팀별, 조별과제 때문에 신경을 써야 하는 복잡한 인간관계로 가득하다. 이러한 관계를 매일 신경 써야 하는 점이 대학교 생활의 스트레스로 다가오기도 하는데, 온라인 수업을 하는 동안에는 신경을 쓰지 않아서 되므로 편하다는 것이다.

온라인 수업에 대한 전반적인 평가

온라인 수업에 대한 전반적인 평가를 문자 모든 학생이 "교수가 학생과의 소통을 위해 노력해야 하고, 디지털 장비 및 SNS의 활용 능력을 높여야 한다"고 응답했다.

5

포스트 코로나 시대의
학교란?

온라인 수업이 남긴 향후 과제와 해결 방향

온라인 개학, 무엇이 문제일까?

2020년 6월 유네스코에 따르면 코로나19 사태로 전 세계 학생의 87% 정도인 약 15억 명이 집에 있다고 발표했다. 현재 미국과 독일 등 많은 나라에서 '포스트 코로나' 학교 모델 구상에 대한 논의가 활발하게 진행된다.

근본적으로 학교란 무엇인가? 학교에서 교사와 학생, 학생과 학생과의 관계가 무엇을 의미하는가? 코로나19로 인해 나타나 문제점과 더불어 어떤 새로운 기회와 가능성이 있는지를 살펴보자. 중장기적으로 보면 코로나19가 진정된 다음 '어떻게 교육 패러다임을 바꿀 것인지'가 더 중요하다.

그간 학교는 수업과 방과후교실 등으로 '학생들의 끼와 적성을 끄집어내는 공적 기관'의 역할을 했으나 코로나19로 인해 시행된 온라인 수업에서는 그것이 불가능했다. 수많은 교사가 대면 수업의 질이 훨씬 더 뛰어나다면서 특히 교실 안에서 교사와 학생, 학생과 학생과의 상호작용이 중요한 것을 깨우치게 됐다고 설명했다. 모둠 활동이 없고, 음악과 체육 수업 등은 분명한 한계를 느꼈다고 토로한 선생님도 있었다. 대면 수업보다 온라인 수업의 전달력이 현저히 떨어지며 학습결과의 확인도 어렵고, 피드백하는 과정에도 어려움을 겪었다고 말하는 중학교 선생님도 있었다. 특히 경기도 성남의 한 중학교 선생님은 학생들과 얼굴 보고 같은 장소 같은 시간에 있다는 것이 큰 축복임을 깨달았다고 말할 정도다. 학생과 학부모들 역시 온라인 수업에 갑갑함과 더불어 지겨움을 호소했다.

일부 수업의 질에 대한 불만도 학교에서 불거졌다. 일부 중·고등학교에서는 성의 없는 수업 대신 차라리 EBS 강의를 틀어달라는 목소리도 나온다. 교실에서 학생들을 가르치는 것에 특화된 교사들에게 갑자기 온라인 교육을 맡기는 것은 무리라는 지적도 있다. 온라인 수업의 여러 한계와 문제점 중 모든 학생과 고른 상호작용을 하기 어려울뿐더러 학생 간의 상호작용도 효과적으로 끌어내기 어렵다는 지적도 있었다.

가정환경 격차에 따른 디지털 디바이드

온라인 수업으로 디지털 기기에 대한 준비와 이를 활용하는 학생들의 격차가 그대로 드러난 것도 문제다. 수업의 비중이 커지는 중학교부터는 교사에 따른 콘텐츠 수준과 학생 사이 디지털 디바이드digital devide(정보 격차) 문제가 불거진다.

온라인 수업의 또 하나의 문제점은 학생 간 인프라 불평등이다. 학생들은 가정형편에 따라 수업에 동원하는 기기가 달라진다. 여유가 있는 학생은 스마트폰과 노트북 등 필요한 장비를 마음껏 활용하지만 그렇지 않은 학생들은 양질의 수업을 듣지 못하는 불평등의 문제점이 있다. 경기도 어느 중학교의 한 교사도 "학생 중에는 집에 컴퓨터가 없어 스마트폰으로만 수업을 보는 경우도 드물지 않다. 부모의 도움을 받으며 수업을 진행하는 학생과 차이가 날 수밖에 없는 게 현실"이라고 말했다.

특히 한부모 가정의 학생들은 디지털 기기 활용에 약한 모습을 보였다. 맞벌이 부부나 한부모 가정의 경우, 학생들은 낮에 혼자 집에 있을 수밖에 없다. 어떤 학생들은 동생을 돌보며 집을 지키느라 선생님과의 온라인 수업 중에도 잠깐씩 자리를 비우고 동생을 보고 와야 했다. 가끔 옆자리에 동생을 앉혀 같이 공부하는 학생도 있었다. 이런 학생들을 위해 학교의 '긴급돌봄 서비스 신청'을 안내한 선생님도 있었다.

첫 온라인 개학이 이루어진 4월 16일, 전국 초등학생 8만5천여 명이 긴급돌봄 서비스를 신청했다. 초등학교 고학년만 해도 혼자 지낼 만큼 컸다며 돌봄 교실에 나오는 일이 드물었기 때문에, 부모 없이 온라인 수업을 준비한 초·중·고등학교 학생들의 숫자는 많다고 볼 수밖에 없다. 이 아이들이 온라인 수업으로 인해 '부모 찬스'를 사용하는 학생들보다 좋은 환경을 누리지 못하고 있는 것은 분명하다. 온라인 수업 환경의 '빈익빈 부익부' 문제를 해소할 방안과 정책이 필요하다. 장애 학생의 경우에는 문제가 더 심각하다. 농아학교의 경우 수화가 되지 않았고, 설비 등이 허약하다는 여러 문제점이 나타났다.

온라인에서도 득세하는 사교육 문제

3월 2일 정시 개학이 연기되고 온라인 개학 가능성이 언급되면서 웅진, 대교 등 사교육업체가 발 빠르게 '온라인 홈스쿨링' 콘텐츠를 제작해서 사교육 시장에 강력한 힘을 발휘했다. 비대면 홈스쿨링은 65%나 이용자 증가했다. 온라인 교육에서조차 '양극화'가 심해지는 악영향이 나타난 것이다. 서울 보성여자고등학교 김혜진 선생님이 비판한 대로, 코로나19로 인해 사교육 불평등이 확대되고 있는 셈이다. 김혜진 선생님은 "가정형편이 좋은 학생은 학원 교사에게 온라인 수업을 듣지만 그렇지 못한 학생은 큰 손해를 본다"고 비판했다. 사교육 격차가 커지는 상황을 경계하고, 이에 대한 대처가 필요하다는 이야기다. 현재 디지털 기기 장비 지원, 돌봄교사 투입 등 공교육 차원의 대책도 나왔으나 아직 개선해야 할 요소가 많다.

온라인 개학의 장점

온라인 수업에 대한 비판이나 한계에도 불구하고 대한민국에서는 온라인 개학이 성공적으로 진행되었다는 평가를 받는다. 선생님들은 원격으로 수업하면서 아이들 한 명, 한 명에게 더 관심을 기울일 수 있었다고 말한다. 어떤 선생님은 이전에는 발표도 않던 아이가 댓글이나 영상으로 자기 생각을 발표하는 모습에 놀랐다는 이야기를 들려줬다. 또 다른 선생님은 아이 하나 하나에게 말을 걸었고, 한마디 한마디를 눈여겨보는 버릇이 생겼다고도 했다.

교사가 모든 학생을 단일 집단으로 가정하고 일방으로 진행하는 수업에서는 개별 지도가 어려웠는데 원격 수업을 하면서 아이마다 다른 모습을 볼 수 있고 거기에 맞춰 지도할 수 있어서 스스로 놀랍다고도 했다. 학생 개인에게 맞춤형 배움이 가능하게 만드는 것이 수업 혁신의 궁극적 목적이라면 원격 수업에서 나타난 이 현상을 눈여겨보아야 한다고 지적한다.

학교의 미래

일각에는 원격 수업이 미래가 될 것이라 말하는 사람도 있지만, 역설적으로 '학교는 사라지지 않겠구나' 생각도 들었다. 왜냐하면 '인간은 사회적 동물'이라는 철학자 루소의 지적같이 학교라는 공동체 사회를 통해 사회성을 배우고 깨달을 필요가 있기 때문이다. 그렇지만 아직은 학교라는 기존의 제도를 통한 교육시스템이 작동하고 있다. 그래도 교육철학, 교육 콘텐츠, 그리고 교육방식은 새로운 시대에 걸맞게 혁신되고 전진해야 한다.

제3부

에듀테크 2.0과 새로운 인재 양성 모델

- 디지털 기기와 리터러시로 무장한 산업 허브

코로나19의 세계적인 대유행으로 교육 방식과 교육 기술·산업의 중심축이 이동하는 획기적인 변화가 일어났다. 특히 학교에서는 대면 수업에서 비대면(온라인) 수업으로 거대한 수업 방식의 이동이 일어났다. 이에 3부에서는 코로나19 이후 학교 교육 현장의 변화를 분석했다.

먼저 코로나19 때문에 전국적으로 시행될 수밖에 없었던 '블렌디드 blended'학습의 특징과 방식을 살펴본다. 블렌디드 학습에서는 기존의 '가르치기 teaching' 수업 전에 집에서 미리 온라인으로 동영상 시청 등의 학습을 한다. 이런 방식은 학습 환경을 풍요롭게 할 뿐 아니라 학생들의 성적과 학습 만족도 향상에도 많은 도움이 된다.

사실 교육 전문가들은 오래전부터 전통적인 대면 수업에 온라인 수업의 형태를 가미해야 한다고 주장해왔다. 교육의 효과를 극대화하기 위해선 대면 수업과 비대면 수업의 통합이 필요하다는 것이었다. 이런 학습 방식에서 가장 중요한 원칙은 사전에 교사가 제작한 동영상 시청과 이에 기반한 자기주도적 학습이다. 학생들은 다양한 온라인 플랫폼 및 소프트웨어를 활용해 자율적으로 학습할 수 있다. 이에 온라인 수업에 어떤 디지털 기기와 소프트웨어 프로그램이 활용됐는지 살펴봤다. 더불어 어떻게 디지털 리터러시 역량을 업그레이드시킬지도 분석했다.

주로 온라인 학습으로 운영되는 한국방송통신대학교와 사이버대학교 등, 일부 특수대학교들에서는 온라인 수업이 어떻게 진행됐는지도 파악했다. 세계적으로 새로운 인재 양성 및 교육 모델로 앞서간다고 평가받는 프랑스 에콜42, 독일 지멘스 사관학교 등을 방문하고, 분석했다.

마지막으로 교육 관련 기술, 즉 에듀테크를 조사했다. 사전적 의미에서 에듀테크란 교육^{Education}과 기술^{Technology}의 합성어다. 전통적 교육 방식에 가상현실^{AR}·증강현실^{VR}·인공지능$^{A.I.}$·빅데이터$^{Big\ Data}$ 등 ICT 기술과 융합된, 기존과 다른 새로운 학습경험 제공 기술을 가리킨다.

세계적으로 에듀테크 시장은 5년 후 약 3,420억 달러까지 커질 것으로 추산된다. 에듀테크는 떠오르는 새로운 미래 성장 동력이자 먹거리인 셈이다. 한국 정부도 에듀테크에 대한 관심과 큰 투자를 약속했다. 이에 4차 산업혁명을 선도하는 인공지능, 빅데이터 같은 신기술이 교육현장에 어떻게 적용될지도 전망했다.

블렌디드로
혁신하라
자기주도적 학습으로의 진화

온라인 개학이라는 실험

2020년 봄, 대한민국의 학교 현장에서는 코로나19 전염 방지를 위한 사회적 거리 두기의 일환으로 온라인 개학이라는 초유의 실험이 진행됐다. '학교 교실이라는 시공간에 갇힌 교육'이 '언제 어디서나 가능한 유비쿼터스 학습'으로 전환된 것이다. 미국에서는 이 같은 수업 방식을 '블렌디드 학습'이라고 부른다. 블렌디드 학습이란 한마디로 하이브리드^{hybrid} 차량 같은 교육 시스템을 가리킨다. 석유 등 화석 연료가 필요한 내연 엔진과 전기 자동차의 배터리 엔진을 동시에 장착한 자동차처럼, 학교 수업이라는 오프라인(대면) 학습에 언제 어디에서나 가능한 온라인(비대면) 학습을 결합한 것이다.

경기도 남양주의 P교사(고등)는 코로나19 이후에도 블렌디드 방식이 수업이 필요하다며 "이론 수업은 온라인, 학교에서는 협업과 실습 중심으로 학습으로 전환될 수 있다"고 이야기한다. 환경적으로 블렌디드 학습은 앞으로 가속화될 수밖에 없다. 《블렌디드》(에듀니티, 2017년)의 저자 마이클 혼[Michael B. Horn]은 고등학교 과정의 50%가 이 같은 방식으로 진행되리라 전망했다. 대한민국에서 세계 최초로 '100% 블렌디드 방식의 학습'의 온라인 개학이 진행된 것은 아이러니하게도 코로나19 때문이지만 말이다.

블렌디드 학습에서 교육 방식의 변화보다 중요한 것은 교육 패러다임의 전환이다. 블렌디드 학습은 학교(교사)에 초점을 맞추지 않는다. 블렌디드 학습의 초점은 학생이다. 학생 개개인의 역량과 수준에 맞춘 자기주도적이고 자율적인 학습을 지향하기 때문이다. 블렌디드 학습은 암기식 교육도, 낙오 학생이 있든 없든 반드시 진도를 나가야만 하는 교육도 아니다. 역량에 기반해 수업과 학습이 이뤄지기 때문에 앞서나가는 학생이 뒤처지는 학생을 끌어줌으로써 연대를 배우는 과정이다.

블렌디드 학습이 성공 가능한 환경

블렌디드 학습의 핵심인 '학생 개인별 맞춤 학습'과 '능력 기반 학습'을 위해서는 여러 준비가 필요하다. 조건이 갖춰지지 않으면 성과를 내기는커녕, 학생만 괴롭히거나 돈만 투자하고 효과를 거두지 못할 수도 있다. 블렌디드 학습에 필요한 준비란 다음과 같다.

첫째, 우선 선생님이 학생들 수준을 정확하게 파악해야 한다. 의사가 환자를 치료하려면 우선 정확한 진단이 필요한 것과 일맥상통한다고 볼 수 있다. 이에 선생님이 학생들을 평소에 유심히 관찰하고, 여러모로 테스트할 필요가 있다.

둘째, 학생의 적성과 욕구를 기반으로 학습 활동 리스트를 정확하게 제시해야 한다. 그다음에 이를 학생이 이해, 수용해서 학습할 수 있는 교육 기반을 만드는 작업이 중요하다.

셋째, 학생에게 주어지는 과제를 기반으로, 어떤 방식이 적합할지 살펴보고 선택하는 일이다. 소프트웨어, 동영상, 텍스트, 대면 수업 등 수많은 방식과 방안이 있다.

넷째, 학생들 사이의 협업이다. 학생들끼리 팀을 이뤄서 상호 토론하고 학습하게 해야 한다. 학교에서는 교사만 가르치는 것이 아니다. 학생들끼리 서로 배우는 것이 더 많을 수 있다.

블렌디드 학습은 위와 같은 절차와 방식으로 학생 스스로 자신에게 맞는 학습 속도와 학습 콘텐츠를 선택하고, 자신에게 가장 적합한 방식으로 학습하도록 습관화하는 것이다. 학생 스스로 자기의 학습 방식을 터득해나가면서 가장 효과적인 방안을 찾아가도록 돕는 방식이기도 하다. 그렇다면 블렌디드 학습에는 어떤 모델이 있는가? 《블렌디드》에서는 크게 4가지로 분류한다. 순환 모델, 플렉스 모델, 알라카르테 모델, 그리고 가상학습 강화 모델 등이다.

먼저 순환 모델은 다시 4가지로, 즉 수업의 장소를 바꾸는 '스테이션 모델', 정해진 컴퓨터 랩에서 학습하는 랩 모델, 집에서 영상을 보고 학교 교실에 토론과 학습하는 '거꾸로 모델', 그리고 학생 개별적으로 학습하는 '개별 순환 모델' 등으로 나뉜다.

둘째, 플렉스 모델은 '일반적인 교실 환경에서 벗어나 주로 학점 회복이나 대안 교육 센터'에서 진행되는 방식의 블렌디드 학습이다. 중퇴한 학생이 학교가 아닌 다른 공간에서 학습하거나, 계절 학기 학점을 이수하기 위해 학교가 아닌 다른 공간에서 온라인으로 수업하는 것을 가리킨다.

셋째, 알라카르테 모델이다. 알라카르테는 코스 요리에서 개개의 요리마다 가격을 책정해놓고, 따로 주문할 수 있도록 한 메뉴 차림표를 가리키는 프랑스 용어다. 블렌디드 학습에서는 오로지 온라인으로만 학습하는, 학생 스스로 정한 과목을 가리킨다. 미국에서는 고등학교 때 대학교 학점을 취득하는 AP(대학과목선이수제) 등에 적용된다.

넷째, 가상 학습 강화 모델이다. 이 모델에서는 대면 수업과 함께 원하는 장소와 시간에 온라인 강의를 들을 수 있다. 코로나19 때문에 대학교뿐만 아니라 초·중·고등학교 학생들에게까지 보편화됐다. 온라인 학습의 강점인 '유비쿼터스 학습'이 가능하다.

블렌디드 학습 솔루션 성공 전략

첫째, 문제의식과 구체적인 목표의 설정이 필요하다. 해결해야 할 과제가 무엇인지, 성취해야 할 목표가 무엇인지 분명히 하는 것이다.

둘째, 슬로건(학습 비전)이 필요하다. 교사의 학습 비전에 학생이 공감하고 따라오도록 만들어야 하기 때문이다.

셋째, 팀 구성이다. 즉, 학습 솔루션을 해결할 팀을 잘 구성해야 한다. 팀 구성은 블렌디드 학습의 승부처이기도 하다.

넷째, 교사가 자신이 구상한 해결 과제에 적합한 소프트웨어, 하드웨어를 선택하고 디자인하는 것이다. 목표에 맞게 디지털 기기를 활용해야 한다.

다섯째, 구체적인 블렌디드 수업의 실행이다. 뭐든 실천함으로써 완성된다.

여섯째, 성공 문화 정착이다. 교사가 블렌디드 학습 학습에 성공하려면 반드시 성공 문화를 정착시켜야 한다. 《블렌디드》는 '성공을 위해 교사 자신만의 방법을 발견하라'고 주문한다.

마지막으로 교육자가 블렌디드 학습과 같은 혁신 수업을 도입할 때는 '새로운 발견을 도출하는 계획'을 설계해야 한다. 지식이 별로 없고 낯설고 예측하기 힘든 상태로 새로운 일에 착수하려면 계획과 설계 과정의 변화가 필요하다. 이때 '발견을 이끄는 계획 수립' 방식이 유용할 수 있다. 이 방식은 다음과 같은 4단계로 진행된다.

1단계: 스마트 목표를 세운다.

2단계: 가설을 세우고 체크리스트를 만든다.

3단계: 가설 검증을 위해 시범적으로 계획을 실행한다.

4단계: 검증 결과에 따라 계획을 조정하고, 계획을 혁신한 다음 시행한다.

블렌디드 수업을 위해서는 무엇보다도 선생님의 결단이 중요하다.

블렌디드 학습은 수학, 영어 등 정규 과목뿐만 아니라 방과후교 실 같은 비정규 학습에도 적용할 수 있다지만, 아직은 비정규 학습보 다 정규 과목에 도입되는 경우가 많다.

《거꾸로교실 프로젝트》(에듀니티, 2015)에 여러 사례가 잘 설명돼 있다.

거꾸로교실의 구체적인 사례

《거꾸로교실 프로젝트》를 통해 블렌디드 학습의 일환으로 많이 알려진 '거꾸로교실Flipped Learning'과 관련된 구체적인 사례들을 살펴 보자.

광주 한울초등학교 장지혁 선생님은 〈역사〉 과목에서 디딤영상을 만들어 시청시키고, 교실에서는 '토론, 역할극, 재판, 정책토론회, 신분 제 놀이, 도시 건설하기' 등 다양한 활동을 아이들과 함께했다. 역사 수업의 주도권을 넘겨받은 학생들은 활발하게 발표하고, 자기 의견을 개진했다. 지식공작소를 만들어 학생들끼리 지식을 사고파는 시장도 운영해봤다고 한다.

전남 영광의 불갑초등학교 박영민 선생님은 〈수학〉 과목에서 '분수와 소수의 관계'를 배울 때 블렌디드 학습을 시도했다. 디딤 영상을 보고 난 다음 짝과 토론하고, 배움 지도를 그린 다음 릴레이 카드를 만들고, 분수와 소수의 원 카드를 제작하고, 내용을 정리하는 것으로 매듭지었다.

부산 동평중학교 김수애 선생님은 〈국어〉 과목에 블렌디드 학습을 적용했다. 먼저 아이들의 선호도와 수준에 맞춰 자발적으로 4인 1조를 구성하게끔 했다. 조 구성은 교사가 지정하지 않고 민주적으로 조장, 조장 지원자, 도움이 필요한 학생, 그리고 이미 정해진 세 명의 조원이 원하는 학생 순으로 구성된다. 이들은 함께 시를 낭송하거나, 시 감상문을 만들었다. 소설 수업에서는 조별 학습 아이템을 수집하고, 소설 내용을 가지고 함께 한눈에 들어오는 그래프를 그리고, 이를 기반으로 학급 신문도 만들었다. 문법 수업과 듣기 수업에도 블렌디드 학습을 적용해 학생들의 참여도를 높였다. 김수애 선생님은 이런 과정을 거쳐 학생들의 〈국어〉 성적이 좋아졌다고 이야기한다.

이 밖에도 부산 동평중학교 안영신 선생님은 태블릿 PC를 100여 대 이상 보유하고 있는 스마트 모델 학교라는 환경을 활용하여 직접 제작한 동영상 강의를 집에서 시청하게 한 뒤, 수준별 학습지를 활용하는 〈영어〉 수업을 진행했다. 1단계는 영어단어를 보고 한글 뜻 찾아 쓰기, 2단계는 한글 뜻을 보고 영어단어 찾아 쓰기, 3단계는 영어 문장에 들어갈 알맞은 단어를 보기 중에 찾아 쓰기, 4단계는 보기 없이 문장에 들어갈 영어단어 쓰기 같은 식으로 학습지를 단계별로 나눈 것이다. 여기에 영어 공부와 게임을 결합한 다양한 활동을 곁들여 블렌디드 학습을 진행했고, 지금은 학생들의 부담을 최소화하기 위해 동영상 개수를 줄이고 수업 중에 흡수할 수 있도록 도와주거나 만든 동영상을 클래스팅을 통해 공유하는 등 학생 중심의 거꾸로교실을 꾸준히 운영하고 있다.

〈생명과학〉 과목을 맡은 충남 천안 북일고등학교 김광호 선생님은 교과서 CD에 포함된 파워포인트 자료를 바탕으로 동영상을 만들거나 객관식 문제를 서술형으로 변형하여 만든 학습지를 제작하는 든 다양한 학습 자료를 준비했다. 또한, 학생들이 무작위로 구성한 모둠을 돌면서 활동하게 함으로써 구성원의 수준에 따른 차이를 극복했다. 학생들의 참여를 활성화하기 위한 마인드맵 그리기나 수제 애니메이션 만들기, 릴레이 암기 게임 등의 활동도 도입했다. 이렇게 학생들의 성취도를 높여주기 위한 블렌디드 학습을 진행한 결과, 학생들은 다양한 모둠활동과 수행평가를 통해 논술력과 소통 능력을 기를 수 있었고, 자기소개서나 추천서에 들어갈 콘텐츠도 마련하는 등 사교육의 영향을 줄일 만한 성과를 거두었다.

학교에서 역량 기반 학습이 가능해진다면?

'선행학습'이 없어질 것이다. 선행학습이 된 학생이 오히려 불리해지는 탓이다. 선행학습 탓에 다른 학생들과의 연대와 보조 맞추기가 힘들어질 뿐만 아니라 수업이 지루해진다. 수업이 지루해지면 학생은 점차 학습에서 멀어질 수밖에 없다. 한국과 달리 학생 중심의 발표와 토론 중심으로 수업하는 독일의 사례를 보라. 선행학습이 없을 뿐만 아니라 사교육도, 사교육 기업도 뛰어들 여지도 없다. 독일에서 사교육이란 고학년 선배가 수업에 뒤처진 후배들을 위해 가르치고, 이에 대해 국가가 바우처 형태로 보상하는 형태뿐이다.

선행학습이 없어지면 대한민국에서도 사설 학원들이 사라짐으로써 공교육이 건강하게 되살아나고, 교사의 학습권도 지금보다 권위를 얻을 수 있다. 궁극적으로 학교 정상화까지 가능하다. 학부모는 부담스러운 사교육비로부터 해방되는 기쁨을 맛볼 수 있다. 그 비용을 학생의 적성과 끼가 발휘될 만한 곳에 투자함으로써, 학생의 행복감을 높이고 미래에 투자하는 긍정적인 효과도 거둘 수 있다.

블렌디드 학습은 학생 개별 맞춤형 학습과 역량 기반의 학습의 성공적인 진행을 돕는 방식이다.

"수업일수 등에 집착하지 말고 고교학점제 등 학습자의 선택권을 중심으로 진행하고, 미이수 처리를 위해 블렌디드 학습이 필요하다."

인천의 J선생님(중등)은 이 같은 발언으로 온라인 수업의 장점인 무한 반복 학습을 강조했다.

블렌디드 학습은 학생 중심 학습 시스템의 구축과 정착으로 학생 스스로 수업과 학습에 주인의식을 갖도록 도와준다. 즉, '수처작주隨處作主' 정신을 심어주며, 스스로 평생 배움을 지속할 능력을 갖추게끔 도와준다. 이러한 능력을 갖춘 학생들은 평생 공부하면서 스스로 능력을 업그레이드시키고 자존감을 높이며 행복감과 경쟁력을 드높이는 창작자의 길로 들어설 수 있다. 이 같은 인재관, 혹은 인물상은 4차 산업혁명 시대에 적합한 인물일 것이다.

2

온라인 수업
마스터하기
디지털과 친해지기

온라인 수업 진행 방식

입시 위주의 교육환경 때문에 코로나19를 계기로 교육혁신을 단행하고 싶어도 어려운 것이 현실이다. 학부모들의 극심한 반대도 큰 원인 중 하나다. 하지만 더 이상 과거로 돌아갈 수 없다. 새로운 환경에 익숙해지지 않으면 어려움을 겪을 수밖에 없다. 선생님들은 더욱 그렇다. 교육대상이 디지털 세대기 때문이다. 주눅 들지 말고 도전해야 한다. 온라인 수업은 크게 두 가지 방식으로 진행된다.

첫 번째는 강의형이다. 학생은 지정된 녹화 강의 혹은 학습 콘텐츠를 시청하고, 교사는 학습 내용 확인한 다음 피드백을 주는 방식으로 진행된다. 파워포인트나 동영상을 학생이 먼저 업로드할 수도 있다. 학생이 디지털 기기를 능숙하게 다루는 '디지털 세대'이기 때문에 교수자들의 파워포인트 및 동영상 제작 능력도 중요하다. 온라인 교육은 주로 강의형으로 진행된다.

경기도 성남의 L선생님(중등)은 온라인 수업을 위해 생각을 깨우쳐야 한다며 인식 개선과 준비가 함께 필요하다고 강조했다. 새로운 학습 방식에 대한 이해와 준비의 중요성을 강조한 대목이다.

두 번째는 강의·활동 결합형이다. 학습 콘텐츠 시청 후, 학생들이 댓글 등의 방법으로 원격 토론하는 형태를 말한다. 과제 중심의 수업 진행에 적합하다. 교사가 과제를 내주면 학생은 자기주도적으로 학습한다. 플랫폼(소프트웨어)을 이용하면 학생들과 실시간 쌍방향 온라인 수업이 가능하다. 온라인 수업을 위한 플랫폼은 학교 자체 시스템부터 줌Zoom, 구글 행아웃Google HangOut, 마이크로소프트 팀즈Microsoft Teams, 시스코 웹엑스Cisco Webex 등 다양하다.

초·중·고등학교에서는 온라인 수업 콘텐츠로 EBS 강좌 또는 교사가 자체적으로 제작한 동영상 혹은 콘텐츠를 활용한다. 이제 '누구나 유튜버가 될 수 있는 세상'이 됐기 때문에 동영상 제작 역량도 중요하다.

소셜 플랫폼과 친해지기

창원의 L선생님(초등)은 코로나19 이후 성공적인 온라인 수업을 위해서는 "학생들과 소통하려는 마음이 가장 중요하지만, 디지털 기기도 능숙하게 사용할 수 있어야 한다. 코로나19 이후 많은 부분이 변화할 테니, 교사들은 다양한 방식의 수업을 시도할 필요성이 있다"고 말한다.

"온라인 수업을 원활히 진행하려면 동영상 녹화 또는 실시간 강의 시 프로그램 조작 방법을 정확히 파악하는 능력도 중요하다."

일부 교수의 부실한 온라인 수업 콘텐츠에 더해 서투른 디지털 기기 활용을 비판하는 경기대학교 미디어영상학과 4학년인 김 군의 이야기다.

친해져야 하는 것은 디지털 기기뿐만이 아니다. 소셜 플랫폼과도 친해져야 한다. 먼저 학습 자료 플랫폼으로는 17개 시·도 교육청이 모여 만든 초·중등 사이버 학습 통합 서비스 'e학습터'가 가장 유명하다. e학습터는 코로나19 유행 전에도 많은 선생님이 이용했다.

뒤이어 이어 많이 활용하는 플랫폼은 'EBS 온라인 클래스'다. 담임선생님이 출석을 조회할 수 있고, URL로 수업 참여를 유도하며, 과제는 SNS로 제출하도록 한다. 또 다른 플랫폼으로는 문화체육관광부가 지원하는 온라인 학습통합 지원사이트 '학교 온^{ON}'이 있다. 이 밖에 플랫폼 형태로 운영되는 공교육 관련 기업은 에듀니티, 아이스크림, 티쳐빌, 창비교육연수원 등이다.

어떤 소셜 플랫폼들을 활용할 수 있을까?

실시간 원격 수업에서 가장 많이 사용되는 플랫폼은 줌이 있다. 줌은 동시 카메라, 동시 화면 사용이 가능한 혁신 플랫폼이다. 동시에 100명까지 참여할 수 있다. 코로나19 덕에 교육용과 업무용으로 세계적인 인지도를 높였다. 영상 통화뿐 아니라 화이트보드, 화면 공유, 브레이크 아웃룸(그룹 분할 토의), 여론조사, 수업 중 채팅 등 여러 기능이 장점이다. 화면 공유 기능 덕에 중간 중간 시청각 자료 활용도 가능하다. 하지만 보안이 불안하다는 약점도 꾸준히 지적당한다. 그 탓에 구글의 채팅 서비스인 행아웃을 대안으로 내세우는 사람들도 있다. 행아웃은 디지털 기기 간 연동성이 장점이다. 단점은 부가기능이 거의 없어 불편하다는 점이다.

온라인으로 쪽지 시험을 보는 경우 구글 설문지를 활용할 수 있다. 이때 별도로 원하는 기능을 부가기능^{add-on}이나 서드파티로 추가할 수 있다. 구글 설문지는 학교 현장에서 많이 활용되면서 '퀴즈' 기능이 추가됐다. 퀴즈 기능을 활성화하면 [답안] 버튼이 추가되고, 이곳에 미리 정답/오답 그리고 관련 설명을 입력해둘 수 있다. 잘못된 답변을 선택하면 [의견 입력] 공란에 입력한 문장을 보여줄 수 있다. 보통 정답 힌트 등을 기재한다. 학생이 '제출'을 누르면 답변이 완료된다. 출제자는 문제의 점수, 정답, 오답 시 제시될 내용을 한꺼번에 확인 가능하다. 구글은 아예 학교 수업에 필요한 기능을 모아 클래스룸 서비스도 제공한다. 구글 클래스룸 관련 서적으로는《구글 클래스룸

수업 레시피》(프리렉, 2020),《교실의 미래 구글 클래스룸》(프리렉, 2019),
《상상하는 수업 구글클래스룸》(기역, 2019), e북인《교실의 미래를 구
글하다 구글 클래스룸》(프리렉, 2016) 등이 있다.

구글 클래스룸과 비슷한 대기업 플랫폼으로는 마이크로소프트
팀즈가 있다. 사용법이 까다로운 대신 기능이 많고, 보안성이 좋다.
기타 플랫폼으로는 시스코 웹엑스^Webex가 있다. 웹엑스는 주로 온라
인 비지니스 미팅을 위한 솔루션으로, 회원 가입을 하면 항상 같은
URL을 사용하는 개인 회의실을 준다.

네이버 밴드도 온라인 수업 플랫폼으로 활용할 수 있다. 출석 체
크, 라이브 방송, 과제 제출과 평가까지 가능하다. 최대 2시간까지 라
이브 방송이 가능하고 횟수 제한은 없다. 카카오톡도 학급 채팅 플랫
폼으로 많이 이용한다. 온라인 출석 체크도 가능하고, 알림장도 제공
할 수 있다.

온라인 수업을 실시간 스트리밍으로!

서버가 없는 일부 학교의 경우, 인터넷 방송 중계(스트리밍) 서비스
로 실시간 온라인 수업을 하기도 한다. 구글의 자회사인 유튜브^Youtube
는 세계 최대 규모의 비디오 플랫폼으로, 실시간 스트리밍 서비스도
제공한다. 아마존의 자회사이자 세계 최대의 인터넷 방송 플랫폼인
트위치^Twitch도 빼놓을 수 없다. 트위치에는 한 달에 평균 9억 명 이상

의 시청자가 방문한다. 한국 트위치는 관리자가 상주하며 인터넷 방송을 관리한다. 인터넷 방송을 하는 사람들은 주로 트위치로 스트리밍하고, 유튜브에 동영상을 업로드한다. '별풍선' 제도로 유명한 대한민국 대표 인터넷 방송 플랫폼인 아프리카TV도 있다. 아프리카TV는 2006년부터 본격적으로 인터넷 방송 사업을 시작했고, 모니터링 요원이 전체 직원의 10%가 넘는다고 한다.

온라인 수업을 비공개로 진행하고 싶다면 실시간 원격 수업 플랫폼을 활용하고, 공개적으로 진행하고 싶다면 스트리밍 플랫폼을 이용한다고 볼 수 있다.

학급과 교사에 따라 다양한 방식과 여러 플랫폼의 투입을 시도했으나 가장 많이 이용한 것은 EBS 강의였다. 입시 위주의 교육환경 때문이다. 이 때문에 교사가 창의적으로 수업을 이끌어가기도 어려웠고, 쌍방향 수업을 강조한 것이 무색하게 거의 단방향 수업에 그쳤다.

학생들과의 소통

성공적인 온라인 수업을 위해서는 양질의 콘텐츠 제작과 디지털 기기 사용 역량뿐 아니라 학생들과 일일이 소통하고 챙기는 일도 중요하다. 학기 초에 단톡방을 만들어 학생들에게 수업 전에 읽을 텍스트, 파워포인트, 동영상을 업로드하는 일 말이다. 단톡방이나 네이버 밴드로 과제나 퀴즈를 낼 수도 있다. 학생들은 대개 교수자와 카톡이나 네이버 밴드 등으로 소통하는 것에 만족해하는데, 디지털 세대인 학생들에게 신뢰를 주기 위해서는 교수자가 나서서 소통하는 것이 바람직하다. 그럼으로써 디지털 기기에 익숙한 학생 세대와 자연스럽게 공감대 형성도 할 수 있다.

교사로서 컴퓨터나 노트북 등 온라인 수업 장비가 없는 학생들을 파악해 조치하는 것도 중요하다. 과학기술정보통신부의 〈2019년 인터넷 이용실태조사 보고서〉에 따르면, 열 가구 중 세 가구는 컴퓨터가 없다. 공정한 온라인 수업 진행을 위해 중위소득 50% 이하의 교육급여 수급권자들이 시·도별로 스마트 기기와 인터넷 지원을 받도록 교사가 적극적으로 나서야 한다.

초등학교 저학년의 경우에는 보호자가 디지털 기기 사용법을 모르면 수업 진행이 어렵다. 사전에 상황을 파악하고 '긴급돌봄 서비스 신청'과 '디지털 장비 준비' 등 대책을 마련해야 한다. 조손 가정의 경우 보호자가 아날로그 세대라 매뉴얼을 제공해도 어려워할 수 있다. 또한 장애 학생들은 온라인 수업 접근성이 떨어질 가능성이 높다. 이미 지적했듯이 청각장애 학생에게는 자막이 필요하고, 시각장애 학생에게는 화면 해설 지원이 필요하다. 그러려면 교사의 사전 준비가 매우 중요하다. 교육부는 "시·청각장애 학생을 위해서는 원격 수업 시 자막·수어·점자를 제공할 예정"이라고 밝혔다.

3

교육의
퍼스트 무버
새 인재 양성의 모델들

코딩 인재를 양성하는 프랑스 에콜42

코로나19의 대유행 이전에도 선진국에서는 이미 새로운 인재 양성 모델을 개척했다. 대표적으로 프랑스의 에콜42, 일과 공부를 병행하는 아우스빌둥^{Ausbildung} 으로 유명한 독일의 지멘스 사관학교 등을 들 수 있다. 대부분의 졸업생이 세계적인 기업이나 기관에 스카우트되어 최고의 대우를 받고, 창업에 성공한 예도 많다. 이 중에서 2014년 설립된 '에콜42'는 '스스로 문제를 해결하게 하라'는 서양 철학에 기반해 코딩 천재 프로그래머를 전문적으로 양성하는 기관으로, 매년 7만 명이 지원한다. 이 중 천 명을 뽑아 3무^無, 즉 무교수, 무교재,

무학비로 3년 동안 교육시킨다. 단계별로 문제를 주면 혼자 혹은 팀 별로 풀어가는 학습 방식이다. 1년이 지나면 연수생들은 기업에서 인 턴을 시작하는데 이때부터 4대 보험과 더불어 월급을 받는다. 기존 대학과는 확연하게 차별화된 인재 양성 방식이다.

설립자인 그자비에 니엘^Xavier Niel 프리모바일 회장은 지난 10년 동 안 에콜42 운영을 위해 사재 1억유로(약 1310억원)을 기부했다. 고교 중퇴 후 자수성가한 니엘 회장은 프랑스 디지털산업의 전사를 키운 다는 자부심을 갖고 있다고 한다. '스테이션 F'를 설립한 창업 구루이 기도 한 그는 돈만 후원하지 운영에는 전혀 간섭하지 않는다.

에콜42 파빙 이사는 "입학 경쟁률이 50대 1이 넘고, 주부, 의사 등 다양한 사람들이 입학하고 100% 취업률을 자랑한다"고 말했다. 프랑스 경제산업디지털부 배리 실장은 "소득 하위 25% 취업 준비생 과 기업과의 직접 만남을 주선해 청년 실업을 해결하고 있다"고 설명 했다.[1]

4차 산업혁명의 전사를 양성하는 독일 지멘스 사관학교

"일반 대학에 입학할 수도 있었어요. 하지만 일과 공부를 병행하 는 '아우스빌둥^Ausbildung'(이원적 교육)에 신청했지요. 실제로 무엇을 만

---

1) 김택환, '지금 프랑스는 혁명 중', <주간조선>, 2018. 8. 6.

들어서 사회에 기여한다는 것에 매력을 느꼈어요."

현재 4차 산업혁명을 선도하는 세계적인 기업, 독일 지멘스 그룹의 세드릭 나이케Cedrik Neike 부회장이 2018년 독일에 방문한 한국 국회의원들과의 미팅 자리에서 한 말이다. 지멘스 간부들은 나이케 부회장이 이른바 실업전문학교 출신이지만 곧 회장 승진을 앞두고 있다고 귀띔한다. 독일이 학벌 없는 사회이기 때문에 가능한 일이다. 실력대로 승진한 것이다.

2018년 당시 국회 4차산업혁명특별위원회 위원장이었던 국민의당 김성식 전 의원, 더불어민주당 홍의락 의원 등 여섯 명은 독일이 자랑하는 '두알Duale' 시스템 파악을 위해 베를린에 있는 지멘스 '베를린 벤스-베스페르만' 직업 교육현장을 방문했다. 두알 시스템이란 한마디로 일과 공부를 병행하는 시스템이다.

지멘스는 전 세계에 약 30개 직업훈련센터를 설립해 6,500명의 교육생에게 직업교육의 기회를 부여한다. 베를린 센터는 이 중 최대 규모로 1,500명의 직업생을 훈련한다. 두알 시스템은 '학습 목표와 원리를 스스로 깨닫는 쌍둥이교육으로 현장에 필요한 인력을 배출한다'는 원칙에 기반을 두고 교육하는 것이 특징이다. 지멘스의 아우스빌둥은 4차 산업혁명의 전사를 양성하려는 프로젝트 기반의 자율학습 시스템으로, 가르치는 교육이 아니라 스스로 문제를 풀게 만드는 학습 방식이다.

지멘스는 직업교육에 연간 약 5억 유로(7,500억 원)의 예산을 편성한다. 지멘스뿐만 아니라 다른 독일 기업들도 직업교육에 많이 투자

한다. 기업이 각기 필요한 인재 양성에 적극적으로 나서는 것이다. 기업과 정식 근로계약을 맺고 근무하면서 안정적인 급여를 받는다. 급여 수준은 직종과 근무 연수에 따라 다르나 보통 월 400유로(약 50만 원)에서 시작해 1,200유로(약 150만 원)까지 받는다. 4대 보험이 보장되기 때문에 사회적으로도 보호받는다. 지멘스도 직업교육을 받는 이들에게 재해, 실업, 연금 등 사회보험을 포함해 월 1천 유로 이상 월급을 지급하는데, 교육생들은 대부분 과정 이수 후 지멘스 취직을 원하며 약 80%가 직원으로 채용된다.

지멘스 사관학교에서 학생들은 3년 반 동안 기업 현장의 실무교육(70%)과 이론교육(30%)을 받는다. 지멘스의 경우 넷에서 스무 명이 한 팀을 구성해 프로젝트를 수행한다. 예를 들어, '1년 후 에너지 절약 제품' 혹은 '5년 기후 변화에 대비한 제품' 제작 등의 프로젝트를 수행한다. 4차 산업혁명 시대에 필요한 문제해결 능력, 창의력, 협업 정신을 요구하는 셈이다.

하이델베르크시에 거주하는 알렉산더 베스트팔(27세)은 인문계 고등학교를 졸업했지만, 스포츠 전문 피트니스 트레이너가 되기 위해 아우스빌둥을 선택했다. 아우스빌둥 과정에서는 몇 달씩 실습과 이론 교육을 교대로 받는데 이를 '블록공부Blockunterricht'라고 부른다. 현장 교수는 당연히 해당 분야의 마이스터Meister(장인)고, 이론을 가르치는 교수 역시 마이스터 출신이다.

"아우스빌둥 덕에 현재 독일 고등학생의 약 45% 정도가 마이스터의 길로 들어선다"는 것이 독일국제협력단GIZ의 설명이다.

독일은 두알 시스템으로 1석 4조의 효과를 거뒀다.

첫째, 청년들의 일자리 문제가 해결됐다. 현재 독일의 청년실업률은 6%대로 OECD 국가 중 가장 낮다. 한국의 청년실업률 12.6%나 OECD 가입국 평균인 16.3%의 절반 이하 수준이다. 현재 독일에서는 이 같은 이원적 교육을 받는 학생 수가 60만 명에 이른다.

둘째, 산업 현장의 인력난과 청년들의 구직난이 서로 어긋나는 '미스매치'를 극복했다. 독일에서는 약 130만 명의 청년이 '아우스빌둥' 교육을 받는다. 참여하는 산업 분야는 약 356개 넘는다. 대표 기업뿐 아니라 지역 상공회의소 및 기업들과 협의해 운영한다.

독일 학생의 약 45%가 이원적 교육을 원한다. 꼭 대학교에 진학할 필요가 없다. 반면에 한국은 한때 고졸 학생의 80%까지 대학교에 입학했다. 과도한 학력 인플레이션 때문에 현재 중소기업의 인력난이 심각하다.

셋째, 독일 중소기업의 경쟁력 강화에도 크게 기여했다. 독일에 '구구팔팔'이라는 말이 있다. 기업의 99%는 중소기업이고, 중소기업이 젊은 연수생의 일자리 88%를 제공하기 때문이다. 이원화 교육제도가 독일에서 발전한 까닭은 참여하는 사회 저변이 넓기 때문이다. 독일 기업 가운데 21%가 이원화 제도에 참여한다. 그중에는 벤츠와 BMW 같은 대기업도 있지만, 중소기업도 많다.

넷째, 경제민주화에 기여한다. 독일 기업 벤츠Mercedes-Benz는 한 기수에 1,250명씩 연수생을 뽑아 3년 반 동안 교육한다. 이들 가운데 약 150명 정도는 본사가 채용하고 나머지는 협력 회사나 다른 기업에 취업한다. '명품 사관대학'을 운영해서 최고의 장인을 키워내고 업계 동반성장에 기여하는 것이다. 대기업인 벤츠와 협력 중소기업 간에 임금 차이도 거의 없다. 동일산업에 종사하는 근로자들이 하나의 노동조합에 가입하는 산별노조 덕에 '동일 직종 동일 임금'이라는 원칙을 준수하기 때문이다. 독일은 대기업과 중소기업의 관계가 동등하고, 이로써 경제민주화가 정착됐다. 더불어 살아가는 공동체 문화가 경쟁이 치열한 산업계도 정착된 셈이다.

아우스빌둥으로 양성된 마이스터는 국가적으로 인정받는다. 독일은 이 제도를 1969년 법적으로 체계화해 전공, 경제, 법률, 교육 등 4개 과목 시험을 본다. 전문직업훈련법이 관련 법규다. 이 법에는 3가지 원칙이 적용된다. '교육 훈련의 직업원칙', '작업장에서 학습원칙', '기업체 훈련 자치원칙' 등이다.

아우스빌둥을 마친 이들은 과정 이후 국가기술고시에 도전할 수도 있고, 대학교에서 공부할 수도 있다. 차별도 없고, 오히려 더 나은 기회가 보장되기 때문에 한국같이 꼭 일반 대학교에 입학하려 하지 않는다.

지금 대한민국의 최대 과제는 청년 일자리 해결이다. 우리 청년 세 명 중 한 명이 실업자다. 일자리야말로 최대의 성장이자 복지다. 코스닥협회 김재철 전 회장((주)에스텍파마 대표)도 "한국기업이 4차 산업혁명에 앞서가기 위해서는 인력 교육연수와 연구개발(R&D)이 핵심이다"고 강조한다. 한국의 대표 기업인 삼성도 독일 지멘스같이 월급을 주는 '삼성 사관학교' 설립에 나서는 것은 어떨까?

한국 온라인 교육의 효시, 한국방송통신대학교

1972년 대한민국 최초로 원격교육을 시작한 한국방송통신대학교(이하 방송대)는 오늘날 온라인 교육의 효시라고 볼 수 있다. 방송대는 4년제 국립대학교로 고등교육 기회를 제공하고, 사회교육의 확대와 발전으로 국가가 필요로 하는 분야별 인재를 양성하려는 목적으로 설립됐다. 현재 경영학 등 학사 과정 22개 학과와 경영대학원 등 26개 학과 대학원 과정을 운영한다. 현재 방송대 미디어영상학과에 근무하는 이영음 교수가 코로나19 이후 온라인 수업 준비와 프로세스, 그리고 운영에 대해 특별히 원고를 보내줬다.

방송대의 특징은 온라인 수업에 있다. 기본적으로 멀티미디어 온라인 동영상 수업으로 학생들은 PC 또는 모바일 앱으로 시청할 수 있다. 케이블 방송으로 방영되는 'TV 강의'도 기본적으로 온라인에서 제공된다. 중간 평가 때 몇몇 과목은 '출석 수업'의 형태로 오프라인에서 6시간씩 강의한다. 학생들은 한 학기에 3일 정도 출석 수업을 들어야 졸업할 수 있는데, 재학생 가운데 70% 이상이 직장인이라 보통 주말이나 야간에 출석 수업이 이루어진다.

현재 서울 종로구에 본부를 둔 방송대는 전국 13개 시·도에 지역대학과 전국 각지 49개 캠퍼스가 있다. 캠퍼스마다 강의실, 도서관, 컴퓨터실, 학생회실, 스터디룸, 행정실 등을 갖췄다. 대학교마다 주요 제작 시설 갖춰져 있는데, TV 스튜디오 2개, 멀티미디어 스튜디오 5개, VR 멀티미디어 스튜디오 1개, 그리고 원격영상강의 스튜디오

1개 등이 있다.

교수들은 스튜디오에서 직접 준비한 파워포인트를 배경으로 강의 동영상을 촬영한다. 촬영 때는 전담 PD가 촬영을 지원, 관리한다. 추가로 온라인강의 자료를 제공한다. 방송대 중어중문학과 변지원 교수는 강의 녹화를 아래처럼 표현한다.

"온라인에는 전혀 다른 문법이 존재한다. 오프라인 수업과 비교했을 때 3배의 품이 필요하다는 뜻이다. 수업이 압축돼 밀도가 높아질 뿐만 아니라 기획과 평가가 수업 전후에 필수적으로 요구된다."

수업은 방송대학TV, 쌍방향 원격영상강의, LOD$^{Learning On Demand}$ 시스템, 인터넷 강의 등 다양한 첨단 교육 매체를 통하여 이루어진다. 대학원은 국내 최초 국립 사이버 평생대학원으로, 온라인 교육만으로 수업이 이루어진다.

방송대에서도 출석 수업으로 대면 교류가 가능하다. 온라인 수업으로 쌍방향 교류가 이뤄지기도 한다. 주로 교수 게시판, 과목 게시판을 활용한다. 영상제, 학술제 등 학과별 연례행사가 열리면 만나기도 한다. 특강으로도 대면 교류가 이루어진다.

"다른 나라들과 비교할 때, 방송대는 온라인강의 시스템이나 영상 콘텐츠 면에서 앞서간다. 세계적으로 성공 사례로 손꼽힌다"는 것이 이 교수의 설명이다.

방송대는 양질의 교재 출판을 위해 출판 문화원도 구축했다.

2019년 현재 학교가 공시한 방송대 평균등록금은 1년에 75만 원대로 전체 학생의 3분의 1이 장학금을 받는다. 1972년 개교 이후 입학생은 약 300만 명, 졸업생 수는 60만 명이 넘는다. 재학생은 15만 8천여 명으로 국내 최대 규모의 대학교이며 세계적으로도 10대 원격 대학교에 든다.

앞으로 발전 방향으로 이영음 교수는 다음과 같이 밝혔다.

"최근 원격영상강의 외에 줌, 구글 행아웃 등의 활용법을 오리엔테이션 한다. 포스트 코로나 시대 원격교육을 선도할 시스템 구축에 노력 중이다."

온라인 수업 시스템을 업그레이드하기 위해 온라인 수업에 글로벌 소프트웨어 쪽으로 옮긴 셈이다.

온라인 수업의 강자 사이버대학교

"BTS 멤버 일곱 명 중 '진'을 뺀 여섯 명이 사이버대학교를 졸업했거나 재학 중입니다. 방송연예학과죠. RM·슈가·제이홉은 졸업, 지민은 재학, 정국은 휴학 중이에요. 해외에서는 BTS가 다니는 대학교라고 해서 'BTS University'라고 불러요."

한국원격대학교협회장이자 사이버한국외국어대 김중렬 총장이 이야기하는 사이버대학교의 위상이다.[1] 김 총장에 따르면, 모든 사이버대학교는 방송대와 비슷한, 방송국 수준의 스튜디오가 있다. 김 총

---

1) 양영유, '온오프 대학 경계 허물어 한국판 '미네르바스쿨' 키워야', <중앙선데이> 2020. 5. 2.

장은 "교육공학·교수설계·디자인·미디어 전문가 등이 머리를 맞대고 강좌를 제작한다"면서 "5, 6단계를 거친다"고 설명한다. 그만큼 양질의 콘텐츠를 만들기 위해 노력한다는 이야기다. "보통 6개월에서 1년 가량을 투자해 강의 하나를 만든다"고 한다.

사이버대학교의 온라인강의 역시 콘텐츠가 중요하다. 김 총장은 "기본적으론 3년마다 콘텐츠를 바꾼다"면서 "그게 원칙인데 중간에 업그레이드하고 사이버외대의 경우 강의 평가 하위 30%의 콘텐츠는 퇴출한다"고 설명한다. 이때는 학습 Q&A 게시판, 자유게시판, 토론방, 학생 간 비밀토론방 등 다양한 소통 창구가 가동된다. 이것으로 학생들의 평가가 반영된다. 사이버대학교의 교수들은 자신의 동영상을 끊임없이 업그레이드할 수밖에 없다.

3학점 강의 시간은 75분이다. 지루해지는 것을 막기 위해 자막, 컴퓨터그래픽, 애니메이션, 가상·증강 현실 등 다양한 자료를 활용한다. 또 수강신청, 강의수강, 과제 제출, 시험, 성적 확인 등 모든 과정을 학습관리시스템(LMS)으로 진행한다. 동영상 강의 이후에도 개별·집단 질문, 과제 체크가 이뤄져 1시간을 넘길 때가 많다고 설명한다.

현재 국내 사이버대학교의 전공은 369개다. 공학 계열은 오프라인 실습이 의무화돼 있고, 실습은 주로 주말에 학교나 산학협력업체에서 이뤄진다. 입학생 연령대는 다양하다. 초기엔 30, 40대가 주류였으나 최근엔 현역 고졸이나 전문대·4년제 졸업자가 늘어났다. 통계적으로 30대에서 40대까지가 63%를 차지한다. 21개 사이버대학교의 정원은 23만3410명이며, 충원율은 92%다. 외국인 학생도 700명 공부한다.

입학은 1년에 두 차례(3월과 9월) 한다. 선발은 서류 전형이다. 수능과 고교 내신 점수는 반영하지 않는다. 편입생은 기존 대학교 졸업·성적증명서와 자기소개서, 학업계획서, 적성검사 등으로 뽑는다. 학비는 일반대의 3분의 1수준이다. 1년 등록금은 평균 270만 원, 1인당 장학금은 100만 원 정도다.

4

에듀테크
강국을 향해

에듀테크 산업의 미래와 인공지능 교육혁명

교육의 디지털화

코로나19로 교육의 디지털화는 더욱더 빨라질 전망이다. 시장조사 전문 회사인 마켓앤드마켓^{MarketandMarket} 조사에 따르면 에듀테크 시장 규모는 2020년 3,420억 달러에 이를 것으로 전망된다.²⁾ 특히 코로나19 바이러스로 온라인 학습 수요가 폭등하면서 에듀테크 시장은 더욱 성장할 것으로 전망된다. 소프트웨어 및 하드웨어, 시스템, 그리고 교육

---

2) <Education Technology (Ed Tech) and Smart Classrooms Market by Hardware (IWB, Projectors, Displays, Printers), Systems (LMC, LCMS, LCDS, SRS, DMS), Technologies (Gaming, Analytics, ERP, Dashboards) - Global Forecast to 2020>

게임 등 국제적으로 에듀테크 시장을 둘러싼 전쟁이 불가피해졌다.

세계적으로 에듀테크 산업 투자가 급증하는 추세다. 아래는 교육 시장 분석업체 홀론아이큐HolonIQ의 2020년 1분기 분석이다.

"에듀테크 시장에 대한 벤처캐피털 투자가 30억 달러에 달했다. 중국은 높은 교육열과 1가구 1자녀 제도 폐지 등으로 블루오션으로 떠오르며 전 세계 투자의 50% 이상을 차지했고, 미국(20%)·인도 (10%)·유럽(8%)이 뒤를 이었다. 교육의 디지털화 속도는 의료 분야를 넘어설 것이다. 에듀테크와 원격 학습에 대한 투자는 코로나19로 인해 온라인 교육의 활성화뿐 아니라 더욱 개방적이고 유연한 교육시스템을 발전시키는 데 도움이 된다."

위 분석대로, 현재 에듀테크의 핵심 기술은 미국과 중국이 양분해 선점하고 있는 형국이다. 실리콘밸리가 기반이지만 창업자인 에릭 위안을 포함해 연구·개발진이 대부분 중국 출신인 줌과 미국의 대표 플랫폼 기업인 구글의 서비스 행아웃을 떠올려보자.

온라인 수업 대표 플랫폼인 줌의 경우 2011년 창업해 2019년 나스닥에 상장한 스타트업이다. 창업 초기부터 줌이 진출한 온라인 화상회의 시장은 레드오션이었다. 창업자의 친정인 시스코의 웹엑스를 비롯해 마이크로소프트의 스카이프, 구글의 행아웃, 시트릭스Citrix의 고투미팅GoToMeeting 등 글로벌 대기업들의 각축장이었다. 하지만 줌은 다른 동영상 서비스의 복잡하고 어려운 부분을 간소화함으로써 살아남았다. 사용하기 쉽고, 모바일 친화적이라는 강점 덕에 코로나19가 본격적으로 퍼지기 시작한 2020년 4월 기준, 사용자 수가 3억 명 이상으로 증가했다. 불과 20일 만에 사용자수가 1억 명 가까이 늘어난 것이다.

줌은 주식 시장에서도 뜨겁다. 2020년 초부터 80% 이상 상승하더니 4월 23일 기준으로 150달러 선에서 거래됐다. 현재 줌의 시가 총액은 419억 달러(약 51조 원) 정도다. 미국의 FAAG(페이스북, 아마존, 애플, 구글)과 중국의 BAT(바이두, 알리바바, 텐센트) 등 세계적인 플랫폼 기업들과 어깨를 나란히 했다.

그렇지만 줌의 미래가 꽃길이라고 확신하기는 아직 어렵다. 미국, 독일, 대만 등 대다수 자유 민주주의 국가에서 데이터가 중국 정부 손에 넘어갈 수도 있고, 보안도 안정적이지 않다는 문제가 알려지면서 '줌 금지령'을 내렸다. '차이나 리스크'가 주목받자 사용을 금지한 것이다. 반면, 한국 교육부는 온라인 개학과 맞물려 줌을 권장 프로그램으로 지정했다. 사용하기가 쉽고 모바일 친화적이기 때문이다. 이에 한국에서는 대학교와 중·고등학교에서는 줌을 많이 사용한다.

에듀테크 강국이 되기 위해서!

교육계와 정보통신 기술 업계에 따르면, 온라인 개학 이후 학교 원격 수업에서 주로 쓰는 플랫폼은 구글, 줌 등 대부분 해외 기업의 것이다. 전체 사용량의 70% 정도가 외국산 소프트웨어로 추정된다. "구글과 줌 등 외국산 플랫폼과 소프트웨어에 익숙하다, 외국 플랫폼과 소프트웨어가 편리하다"는 것이 교사들의 평가다.

플랫폼이 아니라 클라우드 같은 분야에서도 외국 소프트웨어가 크게 영향을 발휘한다. 초등학교 저학년을 제외한 전국 초·중·고교 생 40%가량이 원격 수업 때 이용하는 학습관리시스템 'EBS 온라인 클래스'는 교육부와 한국교육방송공사가 운영하지만 마이크로소프트 클라우드 '애저Azure'를 쓴다. 하드웨어는 한국이 운용하지만 소프트웨어는 미국산이다.

정보통신 기술강국이라는 명성에 반해, 대한민국에서는 온라인 교육 분야의 퍼스트 무버를 찾아보기가 어렵다. 2000년대 초반, 이러 닝이 등장하면서 에듀테크도 함께 발전할 것처럼 보였지만, 이러닝도 에듀테크도 크게 발전하지는 못했다. 하지만 우리나라도 이제는 세계 적으로 통하는 교육 플랫폼과 소프트웨어를 개발하고, 새로운 교육철 학과 인재 양성 모델을 선보여야 한다. 그러려면 한국의 교육 플랫폼 과 소프트웨어 진흥을 위한 정책이 필요하다.

현재 한국에 에듀테크 스타트업은 30개 정도다. 그중 공교육에 집 중하는 곳은 스타트업 클래스팅(학교 플랫폼 앱)뿐이다.[3] 학교를 대상 으로 비지니스 모델을 만들기가 어렵기 때문이다. 한국은 교육관계기 관이 보수적이고 기술 친화적이지 않다. 에듀니티랩 이기택 대표 등 에듀테크 전문가들은 'K-에듀(한국형 미래 교육 모델)'가 발전하려면 공 교육이 민간 분야의 콘텐츠와 서비스를 자유롭게 선택하고 이용할 수 있도록 여건을 마련하는 게 무엇보다 필요하다고 주장한다.

---

3) "곧 공교육 현실 보일것"…코로나가 부른 '온라인 개학' 역설', <중앙일보>, 2020.04.01

"학교 선생님이 민간 콘텐츠를 쓸 수 있어야 기업 간 경쟁이 일어나고 발전해 더 좋은 콘텐츠가 나오는 선순환이 이뤄진다. 앞으로 온라인과 오프라인 교육의 벽이 허물어지는 블렌디드 학습으로 가게 될 것이다."

교육기관과 학교 선생님이 변해야 그 방향으로 갈 수 있다. 에듀테크를 활용한 교육이 보편화되려면 그에 따른 교원 능력 제고와 교육과정 개편, 디지털 리터러시 교육 등 연수와 지원이 동시에 진행돼야 한다. 선생님들도 신기술을 적극적으로 활용하고 교육에 적용해야 한다고 하나같이 입을 모은다.

교육 관련 분야에 대한 심각한 정부 규제도 에듀테크 발전의 저해 요인이다. 유능한 창업자가 공교육 관련 에듀테크에 나서지 않는 이유이기도 하다. 2019년 정보통신산업진흥원이 발간한 〈인공지능 기반 에듀테크 기업 및 서비스 동향〉은 우리나라 교육 분야가 "공공성 추구라는 정책 기조로 인해 우수한 민간 기술과 도전적 자본이 진입하기 어려운 환경"이라고 분석했다. 그렇다고 세계화 시대 '국산 장려 운동'은 통하지 않는다. 길게 보면 교육 데이터 주권을 위해서라도 교육 스타트업에 대한 지원과 탈규제가 필요하다.

인공지능에 기반을 둔 교육혁명

온라인 학습의 정점은 인공지능 교육이다. 그중 가장 주목받는 것은 지능형 개인 교습 체제(ITS: Intelligent Tutoring System) 혹은 맞춤 학습 체제adaptive learning system이다. 플랫폼과 소프트웨어를 넘어서, 교육 콘텐츠와 결부된 학생 개인 맞춤형 학습을 위해 빅데이터, 인공지능 등 신기술을 교육 분야에 적극적으로 적용해야 한다.

빅데이터 및 인공지능에 기반을 둔 교육혁명은 인공지능 시대에 필요한 역량을 높이기 위한 교육 내용을 근본적으로 바꾸는 동시에 가르치는 방식도 인공지능을 활용해 혁명적으로 혁신하는 것을 가리 킨다. 코로나19는 학습 방식을 인공지능으로 혁신하는 계기가 됐다.

많은 교사가 인공지능 적용 분야로 수학을 먼저 손꼽는다. ITS는 수학에 소질이 있고 기초가 탄탄한 학생에게는 난이도를 빠르게 높 여가며 어려운 문제를 풀도록 하고, 수학이 약한 학생에게는 난이도 를 완만하게 높이면서 전혀 다른 유형의 문제를 학습하게 한다. 교사 가 많은 학생에게 똑같은 내용을 전달하는 강의는 수학을 잘하는 학 생에게는 재미가 없고 수학을 못하는 학생에게는 어렵지만, ITS는 따 분한 수학 강의의 한계를 극복할 수 있다. 그렇다고 교사의 역할이 줄어들지는 않는다. 강의가 줄어드는 대신 학생들 컨설팅 혹은 프로 젝트 구현 지원이라는 새 역할을 맡을 수 있다. 티칭에서 코칭으로, 역할을 바꾸면 된다.

프로젝트 기반의 학습은 앞으로 더욱 활성화될 것이다. 인공지능 을 활용한 교육혁신은 ITS 외에도 대화에 기반을 둔 교습 체계(DBTS, Dialogue-Based Tutoring System), 학생이 스스로 지식을 구성하도록 환 경을 제공하는 탐구적 학습시스템(ELEs, Exploratory Learning

Environments), 인공지능 언어 학습, 작문 자동 채점(AWE, Automatic Writing Evaluation), 챗봇^{chatbot}, 가상현실^{VR}과 증강현실^{AR} 등 다양한 영역에서 일어나고 있다.

인공지능 교육이 빠르게 발전하면서 아이들은 모두 본인의 개별 학습 데이터를 축적해 최적 학습 경로를 적시에 제공하는 인공지능 학습 친구^{Learning Companion}를, 교사는 담당 학생 모두에게 최적의 개별화된 학습 경로를 디자인할 수 있도록 도와주는 인공지능 조교^{Teaching Assistant}를 지닐 시대가 오고 있다.

시험에 의해 쉽게 측정 가능한 역량은 인공지능에 의해 쉽게 대체된다. 궁극적으로는 교육변화를 가로막는 고부담 시험체제를 인공지능이 제공하는 지속적 맞춤 평가체제가 대체할 때까지 인공지능 교육은 낡은 교육체제를 끊임없이 변화시킬 수 있다. 코로나19와 인공지능이 교육현장의 대변혁을 몰고 오는 것이다.

대한민국 인공지능 교육혁명의 방향

대한민국의 인공지능 교육혁명은 크게 세 방향으로 제시할 수 있다.

첫째, 코로나19 이후에도 온라인 수업의 장점을 활용한 '유비쿼터스' 수업 활용이 필요하다. 네트워크-디바이스-플랫폼-콘텐츠가 등교 후 학교 교실뿐 아니라 어디서도 이용 가능한 방식이다. 무선와이파이가 모든 학교에 가능해지는 것이 급선무다. 일부 선진국과 한국의 일부 학교에서 도입했듯이, 모든 학생이 학교에 본인의 디지털 기기를 가져와서 수업하는 BYOD^{Bring Your Own Device} 정책 도입도 필요하다. 더불어 디지털 학습 격차 해소를 위해 소외 계층 학생에게 인터넷 접속 기기·플랫폼·콘텐츠를 적극적으로 지원해야 한다.

둘째, 인공지능 교육혁명은 에듀테크 산업과 같이 가야 성공할 수 있다. 교육부와 교육청이 교육 콘텐츠와 플랫폼을 정당한 가격으로 구매하도록 예산을 확대하고, 학교 혹은 교사 단위로 콘텐츠와 플랫폼의 라이선스를 살 수 있도록 바우처 형식으로 지원할 수 있다. 또 에듀테크 기업이 교사와 협업하여 ITS와 같은 다양한 인공지능 에듀테크 상품을 디자인하도록 테스트 베드^{test bed}를 제공해야 한다. 플랫폼을 이용한 데이터 수집이 쉽게 이루어져야 인공지능 교육의 핵심인 최적의 개별 학습 경로를 제공할 수 있다. 교육용 데이터를 수집·제공·활용하는 법적 근거가 조속히 마련돼야 한다.

셋째, 교수자가 먼저 인공지능을 적극적으로 공부하고, 연수받을 필요가 있다.

"교육대학과 사범대학 교육에서부터 하루빨리 교사가 인공지능 교육을 할 수 있도록 준비시키고, 준비된 교사부터 인공지능 교육으로 교육 격차를 줄여갈 수 있도록 교사에게 힘을 실어주는 생태계를 조성해야 한다."

이주호 전 교육부 장관의 주장이다. 4차 산업혁명의 승부가 인공지능에 달려 있듯이, 교육혁명 역시 인공지능의 활용도에서 차이가 날 것으로 전망하는 것이다.

새 시대의
새 선생님

- 독일을 넘어서

코로나19 방역으로 대한민국의 위상이 높아졌다. 2020년 5월, 미국 퓨Pew 리서치 센터가 조사한 결과에 따르면, 대한민국은 코로나19 방역을 가장 잘한 나라다. 하지만 대한민국은 아직 문제가 많은 나라다. 부정적인 '세계 최고' 타이틀도 너무 많다. 청소년 자살률 OECD 1위, 출산율 세계 최저(1명 이하), 남녀 임금 격차 OECD 1위, 노동 시간도 OECD 최고 수준을 기록한다. 청년 실업률은 사상 최고치를 경신 중이다. 오죽하면 좌절한 젊은이들이 '이민 가고 싶다'는 말을 버릇처럼 내뱉을까.

청소년과 청년들에게 희망이 없는 나라는 미래가 없다. 이들이 희망을 품고 미래를 꿈꾸는 나라가 되기 위해선 제일 먼저 교육혁명이 필요하다. 입시 위주의 붕어빵 찍어내기 교육이 아니라 학생 개개인의 적성과 끼를 존중하며 행복하게 해주고, 나아가 사회에 성공적으로 적응시킬 수 있는 새로운 교육철학, 혁명적인 변화가 필요하다. 학생들을 새 시대에 걸맞은 크리에이터로 길러내기 위해서다.

교육혁명의 키워드는 크게 세 가지다. 개인 맞춤형 학습, 블렌디드 학습, 그리고 프로젝트 기반의 학습이다.

교육혁명에는 콘텐츠 혁명이 필요하다. 교육 콘텐츠의 혁신과 더불어 세상의 트렌드를 이끌 혁명이다. 디지털 대전환(4차 산업혁명)의 선구자로 도약하기 위해서는 빅데이터, 인공지능, 사물인터넷, 코딩, 클라우드 등 핵심 기술에 대한 학습과 훈련이 필요하다. 선생님의 역할 변화도 동반돼야 한다. 단순한 지식 전달자를 넘어 재능이라는 학생들의 금맥을 캐는 코치이자, 끼와 적성을 발휘할 수 있는 무대를 마련해주는 지휘자로의 변화가 필요하다.

학생이 창작자로서 학습하고 성장하게 하는 가장 좋은 방안은 선생님이 스스로 창작자가 되는 것이다. 선생님이 창작자 역할을 해내 보이고, 실제로 앞서가면서 학생들과 함께하는 모델이다. 미래의 선생님은 다양한 콘텐츠 제작과 멀티미디어 활용 능력의 모범을 보이는 창작자 겸 교육자로 거듭나는 것이다. 대한민국의 진정한 교육혁명은 선생님의 역할 혁명이 있어야만 시작될 수 있다.

코로나19로 닥친 위기를 우리는 도전, 연대, 그리고 다양성으로 극복했다. 많은 정치인, 지성인, 언론인은 두 번 다시 코로나19 이전의 세상으로 돌아갈 수 없다고 이야기한다. 그럼 대한민국 교육은 어떻게 해야 하는가? 대한민국 교육의 새 판 짜기가 필요하다. 입시 제도를 혁명적으로 개혁하고, 대학교 서열화를 없애고, 사교육을 없애야 한다. 독일 등 유럽 국가들은 이미 그렇게 하고 있다.

1

세상을 바꿀
새로운 교육철학

미래 학교의 역할

"새로운 인재 양성을 위한 교육의 핵심은 무엇인가?"

위 질문에 여러 선생님은 미래 세상의 변화를 읽어야 한다고 대답한다. 즉, 세상을 바꾸는 거대한 메가트렌드를 파악해야 한다는 것이다. 지금까지 예수 탄생 이전과 이후로 시대를 구분했듯이, 새로운 B.C^{Before Corona}(코로나19 이전)와 A.C^{After Corona}(코로나19 이후)로 시대를 구분해야 한다는 주장도 나오고 있다. 코로나19는 그만큼 세상을 크게 바꿨다. 세상의 판이 뒤집히고 있는 시대다. 새로운 질서와 '뉴노멀 2.0'이 형성되는 문명사적 대전환기라고도 볼 수 있다.

세상을 바꾸는 메가트렌드는 코로나19 이외에도 존재한다. 기후 변화, 인구 절벽, 4차 산업혁명, 세계화, 미·중 패권전쟁 등등…. 메가트렌드는 퍼펙트 스톰[1] 처럼 몰려온다. 어떤 개인, 기업, 국가도 피해갈 수 없으며 제대로 대응하지 못하면 몰락하거나 도태된다.

코로나19로 지구는 새로이 문명사적 전환기에 접어들었다. 한국 등 동아시아를 중심으로 새로운 문명의 싹이 트고 있다. 지금 같은 서구식 자본주의와 소비 방식으로는 지구의 미래가 암울할 것이 분명해지고 있기 때문이다. 지구가 견딜 수 없다. 그렇다면 대안은 무엇인가? 신문명의 사회는 사람과 자연이 조화로운 사회다. 그 근저에는 가치의 회복, 즉 사람, 행복, 공동체, 생태라는 키워드가 있다. 대한민국의 새로운 가치는 광장, 수많은 공동체에서 찾을 수 있다. 코로나19라는 위기 상황에서 보여준 국민의 성숙한 행동과 공동체 정신이 대표적이라고 볼 수 있다.

코로나19로 찾아온 위기는 인간들에게 '겸손humble'을 화두로 던졌다. 그동안 인간은 오만했고 탐욕스러웠다. 그러나 패권 국가나 거대 기업 또한 바이러스 앞에서는 무기력했다. 인간은 탐욕을 줄이고 생태와 자연의 가치를 존중해야 한다.

코로나19로 인해 라이프스타일도 변화하고 있다. 새로운 일상이 시작되는 뉴노멀 2.0으로 언택의 일상화, 여행과 소매업 급감, 플랫폼 이용과 배달의 증가, 그리고 소모임의 활성화가 진행됐다. 라이프스타

---

[1] 원래 위력이 크지 않은 태풍 등이 다른 자연현상과 동시에 발생하면서 엄청난 파괴력을 갖게 된다는 의미의 기상용어. 경제학에서는 다양한 악재가 겹치면서 발생하는 대규모 경제 위기를 의미하는 단어로 쓰인다.

일의 변화는 불가피하다. 이 같은 환경에서 우왕좌왕할 것이 아니라 미래를 조망하는 성찰의 시간을 갖고, 새로운 라이프스타일을 추구하는 것이 바람직하다.

메가트렌드에 조응하는 미래 학교의 역할

아주 오래전, 고대부터 학교는 관리 양성 등 국가 권력의 중심과 닿아 있었다. 현재도 변하지 않았다. 학벌을 내세우는 한국, 일본, 미국에서는 더욱 그러하다. 학교는 국가 권력을 뒷받침하는 용병을 양성해온 것이다. 그러나 '야만의 시대'였던 20세기를 거치면서 교육철학은 변화하기 시작했다. 시작은 바로 2차 세계대전이었다. 극단적인 민족주의와 국가 권력이 뒷받침된 나치즘, 파시즘, 군국주의가 전쟁을 일으켰다. 자유민주주의 세력과 공산주의 세력이 손잡고 이를 물리쳤으나, 이번에는 자유민주주의와 공산주의 사이의 냉전이 시작됐다. 1990년 동서독 통일과 소련 및 동구 사회주의 국가의 몰락으로 1차 냉전은 끝났다. 냉전 시대의 교육철학은 '반공'이었다. 당시에는 우리나라 학생들도 '반공 민주 정신에 투철한 애국 애족이 우리 삶의 길이며, 자유 세계의 이상을 실현하는 기반이다'라는 문장이 들어가는 국민교육헌장을 외웠다.

프랑스 철학자 미셸 푸코 Michel Foucault 는 "학교 교실은 감옥과 유사하다"라고 비판했다. 학교는 학생들을 물리적으로 묶어두고 지식을 주입하기에 적합한 구조다. 규범과 감시가 최적화돼 있다. 시공간 통제로 학생을 장악해 반편성, 시간표 편성, 출석 점호 등 끊임없이 감시하고, 통제한다. 학생들이 하루의 대부분을 보내는 교실은 1인당 $2m^2$가 안 된다.[2] 참고로, 지난해 한국 법원은 교도소 수용거실 면적이 1인당 $2m^2$보다 작은 것은 위법한 과밀수용이며 "헌법에 보장된 인간의 존엄과 가치를 침해하는 것"이라고 판결했다.[3]

전후 미국과 유럽 같은 자유민주주의 국가에서는 국가주의보다 더 우월한 보편적 가치를 추구하는 목소리가 나왔다. 이데올로기보다 '인권'이 중요하고, 국가 권력보다 '자유'가 위대하다는 투쟁이 시작됐다. 학교는 '민주시민 교육'의 요람이 돼야 한다고 주장했다. 시민 운동의 핵심 가치였다.

그럼 한국 교육의 문제점은 무엇이고, 어떤 가치를 추구해야 하는가? 선생님들은 한결같이 학벌 위주, 입시 위주의 교육, 경쟁과 서울대학교 중심의 진로 지도, 사교육이 핵심 문제라고 지적한다. "꼭 서울대학교에 입학해야 하나요? 과연 그 학생들이 다 행복한가요?"라고 반문한다. 사교육에 기반을 둔, 명문 대학 중심의 무한 경쟁이 계속된다면 한국 교육은 악순환에 빠질 수밖에 없다. 이런 교육은 시대적 트렌드와도 맞지 않는다. 혁신하지 않으면 미래가 없다. 코로나19로 인한 위기가 한국에서는 교육혁명의 기회가 될 수 있다.

---

2) 기본통계표: 초중등교육시설 현황(연, 1980~2019)
3) 서울중앙지법 민사26 단독 판결물, 2019. 11. 2.

코로나19 이후 한국 교육의 철학과 가치는?

선생님들은 크게 세 가지 차원에서 응답했다. 첫 번째는 정직함, 즉 바른 인성을 갖춘 사람으로 성장하는 것의 중요성이다. 2차 세계 대전 이후 독일에서는 정직을 가장 중요한 덕목으로 가르친다. 프랑크푸르트 괴테 초등학교^{goethe-grundschule}에 다니던 지인의 딸, 채 양이 목격한 일이다. 같은 반 한 독일인 친구가 숙제하지 않고선 했다고 거짓말을 둘러댄 것이 들통나버렸다. 같은 반 친구들은 "이제 미하엘은 죽었다"라고 말했지만, 채 양은 그 뜻을 제대로 이해하지 못했다. 이민 온 지 얼마 되지 않아 독일 교육을 잘 파악하지 못했기 때문이다. 이튿날부터 담임선생님은 매일 미하엘의 숙제만 검사했다. 정직하지 못한 행동을 뿌리 뽑기 위한 훈육이었다.

온라인 교육의 장점으로 학교 폭력이 없다는 점을 꼽은 선생님과 학생이 의외로 많았다. 국가 폭력인 나치즘을 경험한 독일은 학교 폭력에 대해 자비가 없다. '삼진아웃제'가 있다. 폭력을 행사하면 일단 담임선생님이 학부모를 불러 경고한다. 두 번째 폭력을 행사하면 교장이 학부모를 불러 다시 경고한다. 세 번째로 폭력을 행사하면 무조건 $100km$ 이상 떨어진 다른 학교로 전학을 가야 한다. 한 신문사에서 베를린 특파원을 맡았던 유 국장은 "한국에서는 아들의 껄렁함이 남자다움을 보여준다고 생각했기 때문에 좋았는데, 베를린 생활로 생각이 완전히 달라졌다"라고 말한다. 승자를 가르치는 교육과 분위기가 아니라 협업과 친구 의식이 더 중요하다는 것을 깨달은 것이다.

둘째, 실용적인 능력이다. 실용적인 능력이란 곧 문제해결 능력, 창의성, 협업할 줄 아는 자세를 말한다. 4차 산업혁명 시대에 필요한 인재상이다. 사교육, 무한 경쟁으로 대표되는 현재 한국의 교육 형태로는 미래가 암울하다. 대한민국이 다시 외세에 침략당하지 않으려면 자강의 능력을 키워야 한다.

마지막으로 가장 중요한 교육철학은 아이들의 행복이다. 어떤 이유로든 우리 아이들의 행복을 침해하는 교육은 없어져야 한다. 아이들은 자기 삶의 주인이요, 미래의 핵심이기 때문이다. 미성년자이기 때문에 교육 당국이나 학부모 같은 성인이 마음대로 해도 된다는 생각을 버려야 한다. 우리 아이들이 민주시민으로 당당히 성장할 수 있는 환경과 제도를 만들어줘야 한다.

2

인공지능
리터러시

미래 교육 콘텐츠 혁명

인공지능 시대에는 어떤 인재가 필요할까?

많은 전문가가 '4차 산업혁명 시대에는 인공지능 리터러시가 중요하다'고 입을 모은다. 언론에서도 매일 인공지능의 시대를 노래하며, 인공지능 전문가는 미래에 가장 유망한 직종으로 꼽힌다. 산업 분야에서도 인공지능을 기반으로 한 새로운 산업 생태계가 조성 중이다. 아래는 독일 하노버에서 활약 중인 피아니스트 손열음 씨의 칼럼이다.

우리는 무엇 때문에 이 대결에 그렇게 꽂혔던 것일까. 나뿐 아니라 모두가 같은 이유가 아니었을까? 기계와 인간의 싸움으로 인식된

이 대결에서 아직은 인간이 앞선다는 명제를 확인받기 위해. 그래서 공상과학 만화에 등장하는 기계에 지배당하는 인간이 당장 우리가 될 리는 없다는 사실을 증명받기 위해.

(……)

기술보다 더욱 나를 두렵게 하는 것은 현대의 연주 경향이다. 연주 중의 실수는 모두에게 더 이상 참을 수 없는 것이고 틀에서 벗어난 연주는 지양해야 할 이단이 되어버린 21세기의 클래식 음악계. 솔직히 요즘 최고의 주가를 올리는 몇몇 연주자, 개성을 완전히 배제한 정석의 연주를 보여주는 그들에게 이렇게 묻고 싶다. "혹시 알파고를 이기고 싶은 거예요?"

그들이 단 하나의 실수도 없는 무결점의 연주를 해냈을 때, 피겨스케이팅 선수가 3회전 점프에 성공하고 얼음판에 우아하게 랜딩했을 때 보내는 것과 꼭 같은 환호를 보내는 관객들도 마찬가지다. 몇 주 전 오랜만에 뵌 지휘자 임헌정 교수는 요즘 학생들이 한 틀에 찍어낸 풀빵 같다고 했다. 어쩜 그리 서로 다를 바가 없느냐고.

생전에 인공지능에 지지 않으려면 아무래도 생각을 좀 바꿔야 할 것 같지 않나? 오직 나 밖에는 하지 못할 독창적인 연주, 그것도 연주할 때마다 달라 데이터가 기록을 하다하다 포기할 만큼 매순간이 살아있는 연주, 경탄이 아닌 감동을 전하는 연주를 하는 인간으로 말이다.

- 손열음, '혹시 알파고를 이기고 싶은 거예요?', <중앙일보> 2016. 4. 3.

이세돌과 알파고와의 바둑대결 이후 프로 바둑기사들은 인공지능과의 대결로 실력을 쌓는다고 한다. 이미 인공지능이 인간의 능력을 넘어서기 시작했다. 예술인 손열음까지 인공지능의 발전으로 자신의 영역이 위태로울 수 있다고 전망하는 셈이다.

"한국의 음악 학생들은 '같은 틀로 찍어낸 풀빵 같다'"고 지적은 연주에서조차 실수 없는 모방을 최고로 치는 한국 교육 문화의 단점을 비판한 셈이다. 한국 최고 점수를 자랑하는 서울대학교에서도 "교수의 말을 토씨 하나 틀리지 않게 필기하고 답하는 학생이 A+ 학점을 받는다"[4]는 보도도 나온다. 한국 교육의 문제점을 극명하게 보여준 사례다. 인공지능 시대에 주입식·암기식 교육이 무슨 의미가 있겠는가?

오픈 이노베이션 프로젝트

코로나19 이후, 독일에서도 암기식 교육은 의미가 없다고 주장하는 교육학자가 늘고 있다. 이들은 문제해결의 실마리를 주는 '달리 생각하기Umdenken'를 주문한다. 기존 방식으로는 문제해결 방안을 찾을 수 없다. 학생 테스트에서도 사지선다형이 아니라 문제해결형 논술을

---

4) 이혜정, 《서울대에서는 누가 A+를 받는가》(다산에듀, 2014)
한승동, '교수 말 토씨까지 받아적어야 A+ 받는 서울대', <한겨레> 2014. 10. 23.

제시한다. 이미 답이 있는 것이 아니라 해법을 찾아가는 자기주도적 학습을 말한다.

독일이 진행 중인 인재 양성 프로젝트 가운데 '오픈 이노베이션 프로젝트Open Innovation Project'가 있다. 외부에 혁신 계획을 공개하고 다양한 분야의 인재 참여를 유도하는 공개 프로젝트다. 새로운 것에 대한 호기심을 사회적으로 작동시키는 방식이다. 오픈 이노베이션 프로젝트는 성공한 결과물에 누구나 접근할 수 있는 '열린 시스템'을 구축한다. 법적 규정을 제정하고, 기술과 제품의 표준 만들기를 선도하려면 투명하고 공개적인 시스템이 필수적이다. 이 프로젝트는 열린 사회와 열린 교육이 혁신을 이끈다는 점을 강조한다. 우리나라에서도 코로나19 이후 일부 대학교에서 오픈 북open book 형식의 시험을 치르고 있다. 이미 구글이나 네이버 검색으로 수많은 정보와 지식을 검색할 수 있는 환경에서 닫힌 테스트는 큰 의미가 없기 때문이다. 문제해결을 위해 지혜를 찾아가는 과정을 평가하는 시험이 더 의미 있다.

인공지능 시대, 새로운 교육과 인재 양성 방안

인공지능 시대에 걸맞은 새로운 교육 및 인재 양성 방안을 묻는 말에 전문가들의 대답은 한결같았다.

첫째, 인공지능으로는 대체할 수 없는 인간의 고유 역량을 갖춰야 한다. 문제해결 능력, 창의성, 그리고 협업할 수 있는 소통 능력을 갖추는 것이 먼저다. 현재 이를 위해 교육 콘텐츠 혁명, 인공지능 등 신기술의 교육 분야 적용, 그리고 프로젝트 기반 학습 등이 진행 중이다. 일부 산업 선진국에서는 이미 교육 콘텐츠 혁명에 나서고 있다.

대표적으로 독일은 4차 산업혁명 시대를 위한 새로운 전문 인력을 확보하기 위해 새로운 내용의 교육혁신을 발표했다. 일명 '민트MINT' 프로젝트다. 민트는 수학Mathematik, 전산학Informatik, 자연과학Naturwissenschaft, 기술Technik의 약자다. 수학, 전산학, 과학 및 기술 분야의 융복합 전문 인력을 양성할 뿐만 아니라 모든 학교에서 이 네 분야를 기본과목으로 가르칠 것을 의무화했다. 과학기술의 기본에 충실하면서 4차 산업혁명을 주도할 산업 전사를 키우기 위해서다.

미국에서도 이와 유사한 '스템STEM' 프로젝트를 발표했다. 과학Science, 기술Technology, 공학Engineering, 수학Mathematics의 앞글자를 딴 프로젝트로, 이 네 가지를 모든 학교의 기본과목으로 교육한다.

독일과 미국의 전문 인력 프로젝트의 차이점은, 독일이 기초 과학을 강조하는 반면 미국은 응용 기술을 강조한다는 점이다. 공통점은 분명하다. 양국 다 시대를 앞서가는 창의적이고 실용적인 인재 양성에 올인all-in하겠다는 의사를 밝혔다는 것이다.

고려대학교 총장을 역임했던 염재호 교수는 앞으로 "앞으로 10년이면 SKY(서울대·고려대·연세대) 졸업장이 유효하지 않을 것이라고 본다. 우리나라 교육의 문제는 모두 일류 대학의 입학에 집착한다는 것이다. 앞으로 대학 입학률은 점점 떨어질 것이다. 대학 졸업장이 아니라 진정한 능력으로 평가될 것이기 때문이다"[5]라고 진단했다. 미국의 세계적인 로봇회사 리싱크로보틱스^{Rethink Robotics}의 로드니 부룩스^{Rodney Brooks} 회장 역시 인공지능 시대를 맞이해 교육개혁의 필요성을 강조한다.

> "교육제도를 바꿔야 합니다. 지금의 학교 교육은 컴퓨터와 인공지능 시대에 뒤떨어져 있습니다. 기술이 발달하면서 독특하고 창의적인 문제해결 능력이 더욱더 중요해지고 있습니다. '일을 처리하는 법'이 아닌 '문제를 해결하는 법'을 가르쳐야 합니다. 공학 원리와 컴퓨터 과학, 물리학 같은 다양한 분야를 가르치고 이런 지식을 다양한 분야에 접목하고 로봇을 활용할 수 있도록 교육해야 합니다. 요즘 학생들은 컴퓨터 게임에 대해서는 잘 알지만, 정작 컴퓨터 지식은 부족합니다."
>
> - 유한빛, '"로봇, 인간과 공존" 3D업종· 단순 노동 해주고 인간은 감독하게 될 것',
>
> <조선비즈> 2016. 4. 2.

공학원리, 수학, 컴퓨터, 물리학 같은 다양한 분야를 공부하고, 다양한 분야를 서로 접목시켜가며 로봇 활용 능력을 키우라는 것이다.

더불어 인공지능으로 학생 개개인의 적성과 수준을 파악하면 개별 맞춤형 교육을 할 수 있다. 이미 많은 사설 학원이 영어, 수학 등

---

5) 강동균, 이명호, '[여시재 대화/염재호 전 고려대학교 총장] "SKY 졸업장 10년 내 의미없어질 것", <여시재> 2020. 5. 26.

에 인공지능에 기반을 둔 학습 모델에 투자와 개발에 적극적으로 나서고 있으며, 글로벌 동영상 플랫폼 틱톡^{TikTok6)}의 모회사 바이트댄스^{ByteDance} 또한 인공지능 선생님 개발에 엄청나게 투자하고 있다.⁷⁾ 디지털 기술에 기반을 둔 교육 스타트업 에누마^{Enuma}는 게임의 재미와 공부를 적극적으로 결합한 앱을 개발하고 있다. 학생이 공부에 흥미를 느낄 방법을 총동원하는 셈이다. 미국에서는 세계적인 플랫폼 기업인 구글이, 일본은 소프트뱅크^{Softbank}가 인공지능 교육 솔루션 개발에 뛰어들었다. 우리나라도 공교육에서 적극적으로 인공지능 기반 교육 프로젝트를 추진해야 한다. 초저출산 고령화 사회에서는 우리 아이 한 명 한 명이 너무나 소중하다. 전 국민 기본소득이 아니라 전 학생 인공지능 기반 학습 프로젝트를 추진할 때다.

학생 주도의 자율학습 수업으로!

교사들의 '가르침'도 중요하고, 교육부 교과 과정에 따라 진도 중심의 수업도 일부 필요하다. 하지만 이제 과감하게 학생을 중심에 세

---

6) 15초에서 1분 이내의 짧은 영상을 제작, 공유할 수 있는 글로벌 동영상 플랫폼. 숏확행(짧고 확실한 행복)이 슬로건으로, 사용하기 쉬운 영상 촬영 및 편집 툴과 직관적이고 사용하기 쉽다는 장점을 내세워 선풍적인 인기를 끌고 있다.

7) 최예지, '[코로나 집콕시대] 바이트댄스도 도전...커지는 中온라인 교육 시장', <아주경제> 2020. 4. 15.

우는 교육 콘텐츠와 학습 프로젝트를 결정하는 대전환이 필요하다. 문제해결형 과제를 내고, 학생이 검색이나 사색을 바탕으로 방안을 제시하고, 다른 학생들과 팀을 이뤄서 해법을 찾아가는 창의적 학습 말이다. 그래야 비로소 학생 간의 무한 경쟁에서 벗어나서 서로 배우고 가르치는 협업 정신을 공유할 수 있다.

《교실이 없는 시대가 온다》[8]에서 제안한 것처럼, 획일화된 교육 시스템을 과감히 버리고 개인 맞춤학습형으로 전환할 필요가 있다. 평균 수준의 학생에 맞춰 수업하는 기존의 표준화 방식으로는 새 시대에 맞는 인재를 길러내기 어렵다. 학생들 스스로 도전거리를 찾아내는 '도전 프로젝트 기반 학습 교실' 같은 프로젝트가 필요하다. 일례로, 가정 시간에 지역 아동의 영양실조를 해결하는 과제를 내고 학생이 해결책을 발표하게 하면 협업 능력과 리더십에 더해 문제를 해결해가는 프로세스, 나아가 사람들 앞에서 말하는 방법, 예산을 세우는 방법, 글쓰기와 편집, 삽화 등을 공동 작업하는 프로그램을 이용하는 방법까지 배울 수 있다. 또한, 이런 수업이 끝나면 연민과 공감의 유대도 형성할 수 있다. 기존의 문제의식과 수업을 방식을 뛰어넘어서 학생이 주체가 되어 시민의식을 기를 수 있는 학습 방식이다.

---

8) 존 카우치, 제이슨 타운(김영선 옮김),《교실이 없는 시대가 온다》(어크로스, 2020).

3
—

재능이라는
금맥을 캐는 교사

좋은 선생님이란?

새로운 시대, 교사의 권한

선생님들의 의견을 정리하면 세 가지 차원으로 종합할 수 있다. 첫째는 선생님의 고유한 수업권과 평가권을 보장해야 한다는 것이다. 인천의 K선생님(초등)은 교사를 믿고 따라줬으면 좋겠다면서 학부모의 민원과 간섭을 배제해야 한다고 말한다. 일부 학부모들의 황당한 민원에는 단호한 조치가 뒤따라야 한다. 학부모의 부당한 간섭이나 침입으로부터의 보호도 필요하다.

독일에서는 기본적으로 교사의 역할이 중요하기 때문에 권한도 크다. 교사에 대한 신뢰도도 아주 높다. 그야말로 '선생님'이다. 대우도 좋다. 미래 세대를 교육하는 교사를 보는 독일인들의 시선은 특별할 정도다. 그러므로 교사가 수업을 책임지고 주도한다. 어떤 교재를 가지고 어떤 속도로 어떻게 수업할지는 전적으로 교사의 권한이다.

그렇다고 독일 교사가 공부 잘하는 학생들에게 수업의 초점을 맞추지는 않는다. 오히려 학습 능력이 떨어지는 학생들에게 더 큰 관심과 시간을 할애한다. 심지어는 공부 잘하는 학생이 그렇지 못하는 학생들을 도와주는 것을 당연하게 여긴다. 암기식 혹은 주입식 수업이 아니라 토론과 논의로 문제를 해결해나가는 방식으로 수업하기 때문에 가능하다.

둘째, 자율권과 교권 강화다. 서울의 L선생님(중등)은 시·도교육청에서 학교에 자율권을 주고 교권을 강화하며 존경하는 문화를 만들어야 한다고 지적한다. 교사에 대한 국민의 인식 재고도 필요하다. 일각에서는 공교육 선생님에 대한 신뢰도가 학원 강사보다도 낮다고 느낄 때도 있다. 이런 환경에서는 공교육의 부활이 요원할 수밖에 없다.

서울교육대학교 양영자 교수의 〈교사 저서에 나타난 교사론의 질적 내용 분석 연구〉[9]에는 "학교의 문제를 교사에게만 떠넘기는, '교사 탓'이라는 담론 구조에 마음이 아프고 힘들다"는 내용이 나온다. 이 논문에서는 교사들이 직접 저술한 최신 도서 30권을 분석했는데, 교실 붕괴나 학부모 민원 문제, 학교폭력 문제, 과도한 행정 업무, 성과 상여금의 압박, 정착되지 못한 민주적 의사 결정 구조로 인한 스

---

9) 《한국교원교육연구》2020. vol 37. no.1, pp. 31~60

트레스가 '교사 때리기'로 나타난다고 한다. 더욱이 한국에서는 사회 구조와 학교 기능으로 인한 문제를 교사 개인의 문제로 돌리기 때문에, 이것이 다시 교육의 황폐화와 교직의 비인간화로 이어지는 악순환이 계속되고 있다고 이야기한다. 이 같은 환경을 극복하기 위해 선생님들이 눈물겹게 노력 중이다.

셋째, 학교 인프라 개선이다. 현재 서른 명에서 달하는 학급당 인원을 반 이하로 줄여 학생별 맞춤형 학습을 실현할 수 있도록 하는 것이다. 서울 보성여자고등학교 김혜진 선생님은 교사가 보여줄 수 있는 관심은 양은 일정하므로 서른 명의 학생에게 1만큼의 관심을 주는 것보다 열 명의 학생에게 3만큼의 관심을 주는 게 낫다고 말한다.

또한 인천의 L선생님(초등) 등 많은 교사가 원격 수업에 교사의 의무연수를 마련하고 플랫폼을 통일해야 한다고 말한다. 학교마다 사용하는 플랫폼이 달라 혼선이 생기도 있다는 비판이다. 심지어는 형제자매끼리도 사용하는 플랫폼이 달라 서로 딱히 도움이 되지 못한다는 지적도 나온다.

좋은 선생님이란?

호주의 멜버른 대학교 존 해티^{John Allan Hattie} 교수는 15년간 8천만 명의 학생을 분석한 결과를 발표하며 이렇게 말했다.

"좋은 수업은 전적으로 교사의 역량에 달려 있다."

학생이 무엇을 배워야 할지, 학교 수업과목과 분야 등 커리큘럼을 정하는 일이 가장 중요하다는 것이다. 학교 건물과 수업 방식에 대한 논의도 중요하다.

한국 정치인들은 주로 '무상'이라는 포퓰리즘 요소에 높은 관심을 보이지만, 정작 구체적인 학생들의 커리큘럼이나 학습혁신에 관한 관심은 거의 없다. 학급당 학생 수와 수업 시간에 대한 논의는 거의 없다고 볼 수 있다.

학교혁신을 위해서는 교사의 권한과 대우도 짚고 넘어가야 한다. 교육학 전공인 스위스 취리히 대학교의 엘리자베스 모세Elisabeth Moser 교수는 "교사가 학교혁신에 주도적으로 나서고, 그에 맞춰 대우할 때 성공한다"고 강조한다.

존 해티 교수는 학생들 관찰과 대화 외에도 수많은 교육학 연구자, 학교 행정 담당자와 교육청 근무자들과의 대화 끝에 좋은 선생님의 6가지 덕목을 제시했다.

영화감독 같은 교사

학생을 주연으로 세워 스스로 끼와 소질을 계발하고 펼치도록 기획하고 이끌어가는 것이다. 좋은 선생님은 영화감독과 같다. 과도한 숙제와 주말 과제는 오히려 교사의 역량을 해칠 수 있다. 교사는 학생들에게 관심을 불러일으키면서, 동기를 부여하고, 도전적인 수업을 이끌어가는 것이 가장 중요하다. 토론 수업이 중요해진다. 아이 스스로, 함께 학습하는 것을 지도하는 것도 중요하다. 이에 교사는 자신의 역량을 총동원해야 한다.

아이들 금맥을 캐는 관계 맺기

《해리 포터》시리즈의 마술 교사 세베루스 스네이프^{Severus Snape}는
좋은 교사가 아니다. 수업 시간에 아이들을 차별하기 때문이다. 성공
적인 수업을 위해 가장 중요한 요소 중 하나가 교사와 아이와의 좋
은 관계다. 존 해티 교수는 교사의 역할을 금맥을 캐는 것으로 비유
한다.

"모든 학생에게 금맥이 있다."

교사는 '학생 스스로 자신의 장단점', 즉 '자신을 알도록 하는 것'
이 가장 중요하다. 교사와 아이의 좋은 관계를 형성하게 하려면 학급
당 학생 수를 줄이고, 교사의 수업 기수를 줄여서 부담을 덜어주는
것도 필요하다.

경청하는 자세

좋은 선생님은 칠판에 혼자 분필로 글을 쓰는 '독백가'가 아니다.
아이들의 목소리를 귀담아듣는 교사가 좋은 선생님이다. 교사가 정
기적으로 아이들을 평가하듯이, 교사도 아이들의 평가를 정기적으로
받는 것이 필요하다. 이로써 좋은 선생님이 될 수 있다. 존 해티 교수
는 "좋은 교사는 학생의 눈으로 자신의 수업을 보는 자"라고 지적한
다. 학생들을 파악해서 수업하면 더욱더 생산적이고 성공적인 효과
를 거둘 수 있기 때문이다. 아이들의 잘못을 지적하기에 앞서, 어떻게

이것이 일어나고, 어떻게 아이들을 가르쳐야 할지 교사가 고민하는 것이 먼저라는 것이다.

감성으로 교감하기

교사가 직업 경험과 노동 투입에만 의존하는 것이 아니라 감성을 보일 때 학생들에게 더 큰 영향을 미칠 수 있다. 자녀가 없는 교사의 경우 아이와 교감이 더욱 어려울 수도 있다. 독일과 유럽에서 많은 이가 교사라는 직업을 떠나는 이유이기도 하다.

감성을 위한 좋은 방법으로 아이들이 온라인을 즐겨 사용하기 때문에 온라인으로 아이들 상담을 권유한다. 좋은 교사는 '인간관계에 열정이 있는 내적 경험'을 가진 인물이다. 코로나19로 인해 온라인 수업으로 교사와 학생 간 감성 교감이 더욱 중요해졌다.

원칙을 가지고 학부모 대하기

좋은 교사는 학부모와의 관계에서 분명한 선을 지닌다. 학부모와 좋은 관계를 유지하면서 선을 넘지 않아야 한다. 교사에 대한 학부모의 '신뢰'가 중요하기 때문이다. 그래야만 협업할 수 있고, 돌발 상황을 잘 처리할 수 있다.

학부모의 기대는 다양하고, 자신의 자녀에 대해 교사가 어떻게 대하는가에 따라 여러 충돌이 발생한다. 학부모는 자녀가 좋은 교육을 받기를 바란다. 교사는 이 기대에 최대한 부응하려고 노력할 의무가 있다.

디지털 밸런스

코로나19로 인해 비대면 수업이 본격화되면서 디지털 역량이 더욱 중요해졌다. 하지만 과도하게 디지털 기기에 의존할 필요는 없다. 좋은 교사가 학생들 끼와 적성을 개발하는 데 디지털 기기가 도구적 역할을 할 뿐이다. 교사 본업에 충실하면 된다. 좋은 교사는 좋은 기기를 잘 활용하고, 수업 시간에 자신의 존재를 보여주는 것이다.

4차 산업혁명 시대에는 교사가 디지털 기기들을 잘 다뤄야 하지만 본연의 역할을 잃어서는 안 된다. 교사와 학생, 교사와 학부모 등 인간관계가 가장 중요하다. 기계보다 사람이 중요하고, 아이들이 더 중요하다. 아이 한 명, 한 명의 소질과 능력을 발굴하는 일은 금맥을 캐는 일과 비교할 정도로 매우 소중하다. 교사의 역할은 학생이 타고난 재능을 발견하도록 돕는 것이다. 정보 전달자에서 그치는 것이 아니라 학습 조력자가 돼야 하고, 디지털 네이티브에게는 지식 전달자로서의 교사보다 맥락 전문가인 슬기로운 교사가 더 필요하다.

새 시대의 선생님, 크리에이터!

어쩌면 코로나19가 선생님들에게 동영상 제작과 크리에이터로서 역할에 대한 방아쇠 역할을 한 셈이다. 온라인 수업의 본격화로 디지털 역량을 갖추어야 하기 때문이다. 이미 방송 영상에서 SNS 시대로 변화됐다. 요즘 초등학생의 장래희망 1순위가 크리에이터라고 한다.

10, 20대들은 유튜브 세대다. 이들과 소통하고 공감하기 위해선 스스로 유튜버가 되는 길밖에 없다. 즉, 크리에이터가 되라는 것이다. 유튜버는 뷰티, 먹방 등 다양한 분야에서 엄청난 인기를 끌고 막강한 영향력을 발휘하며 1인 미디어 시대를 이끌어가는 주역이다. 1인 미디어란 개인 블로그, 트위터, 페이스북과 같은 SNS를 기반으로 개인이 다양한 콘텐츠를 생산하고 공유하는 커뮤니케이션 플랫폼을 말한다. 유튜브나 페이스북, 아프리카TV 같은 플랫폼이 대세가 됐다. 이번 코로나19로 인한 온라인 수업에서 역시 많은 선생님이 유튜브에 동영상을 업로드했다.

2016년, 조직위원장을 맡아 광주에서 세계 최초로 웹콘텐츠페스티벌을 개최했을 때의 일이다. 당시 유재석을 넘어서는 인기를 자랑하던 대도서관, 어린이 대통령이 별명인 도티, 씬님, 영국남자 등 수많은 인기 크리에이터가 참여해 어린이와 부모들과 함께 토크쇼, 공연, 소통 콘텐츠를 진행했다. 1인 미디어가 대중 속으로 얼마나 깊게 파고들었는지 그때도 체감할 수 있었다.

지금 우리나라는 국민의 95% 이상이 스마트폰을 갖고 있다.[10] 더욱이 한국언론진흥재단 미디어연구센터가 20세 이상 성인 남녀 1,218명을 대상으로 온라인 설문 조사한 결과 응답자의 77.8%가 유튜브 사용자인 것으로 나타났으며,[11] 닐슨코리안클릭에 따르면 2020

10) '국민 95%가 스마트폰 사용... 보급률 1위 국가는?', <KBS뉴스> 2019. 2. 11.
11) 당신도 '유튜브 홀릭 중'... 성인 94.2% 유튜브 이용 경험', <데일리팝> 2018. 8. 31.

년 6월에는 유튜브 월 이용자 수가 2,500만 명에 달한 것으로 집계됐다. 네트워크의 용량이 커지고 디지털카메라의 보급으로 영상 콘텐츠 제작과 편집이 수월해짐으로써 1인 미디어의 핵심 콘텐츠가 동영상 콘텐츠 중심으로 급속히 바뀌었다. 이제는 선생님들도 온라인 수업을 하며 스스로 유튜버가 되는 시대에 살고 있는 것이다.

유튜브 등의 플랫폼을 사용하면 개인이 쉽게 동영상을 올릴 수 있다. 자신이 좋아하는 게임이나 요리, 미용, 실험, 춤, 연주, 토크 등 자유롭게 동영상을 제작해 올린다. 기존의 전통적인 미디어 채널처럼 전문적인 장비나 시스템을 구축하지 않아도 인터넷으로 누구나 방송국을 운영할 수 있다. 무엇보다 기존의 전통적인 미디어 채널과 비교해 양방향성과 상호작용성이 뛰어나 사용자와의 네트워크가 강하고 방송 접근성이 높다.

시청자들은 자기가 좋아하는 크리에이터의 콘텐츠를 '구독'하는 형태로 소비한다. 특정 크리에이터의 새로운 콘텐츠가 업로드될 때마다 구독자들은 알림을 받고 그 콘텐츠를 시청한다. 1인 방송의 매력은 바로 사용자와의 자유로운 소통이다. 방송 시간 내내 채팅창이 열려 있고, 댓글을 단 시청자의 의견이 바로 방송에 반영된다. 이렇게 참여적이고 개방적인 미디어 환경으로 1인 미디어, 1인 방송은 대중속으로 빠르게 확산됐다.

이제는 선생님들도 1인 미디어의 주인공이자 창작자가 돼야 한다. 그래야 디지털 세대와의 소통이 자연스러워지고 공감대를 형성할 수 있기 때문이다. 저작권에 대한 이해도 높일 수 있다.

달라진 학교의 모습

코로나19로 학교의 폐쇄성이 무너지는 긍정적인 효과도 있었다. 교육청이 네트워크 정책을 담당하면서 행정 체계가 폐쇄에서 오픈으로 전환됐다. 얼마 전까지도 학교에 무선와이파이가 설치되지 않았는데, 온라인 수업을 위해 와이파이가 즉각 설치되는 효과도 있었다.

비대면 교육 현안 해결을 위해선 학교망과 인프라의 획기적인 개선이 필요하다. 현재 학교 인터넷망 사업(스쿨넷 사업)은 NIA[12]에서 주도 중이고, 교육청에서 네트워크 정책을 담당하지만, 속도가 500mb/s 정도로 디지털교과서를 활용한 수업이 불가능한 수준이다. 문재인 정부가 무선와이파이 구축을 공약으로 내걸고도 좀처럼 학교 전체의 네트워크 구축 사업을 진행하지 못하다가 결국 코로나19가 해결해줬다.

영국 등 일부 국가에서는 2033년까지 모든 학교에 광섬유망^Full-Fibre을 설치해서 인터넷 속도를 높일 예정이다. 우리도 IT 강국답게 학교 인프라에 대한 보다 적극적인 투자가 요구된다. 학교에서는 적극적인 에듀테크의 도입이 필요하다. 공교육의 활성화를 위해서다. 사교육보다 늦어서야 되겠는가?

많은 학교 수업은 아직 교과서 중심의 강의식, 전달식 수업이 주류이다. 4차 산업혁명 시대 핵심역량 강화를 위한 창의적 문제해결

---

12) 한국정보화진흥원, National Information Society Agency.

수업, STEAM 수업, 융합 수업 등 미래형 교육을 위해 학교 내에서 ICT와 에듀테크의 적극적인 활용이 요구된다.

이미 지적했듯이 교육 및 디지털 격차 해소를 위한 대책도 필요하다. 재난이 생기면 우선 피해를 받는 공백이 생겨난다. 한부모가정, 열악한 환경, 장애인 학생 등에 학습 공백이 생기지 않고 제대로 돌봄이 이뤄지도록 하는 대책을 말한다.

4
—

한국 교육혁명의
매니페스토
대한민국 교육의 새 판 짜기

코로나19로 K-방역의 위상을 높였지만, 청년 실업, 양극화, 경기 침체, 남북 관계 파탄, 그리고 미·중 패권전쟁 등의 위기는 여전하다. 대한민국이 낭떠러지로 떨어질 것인지, 아니면 불사조처럼 부활할 것인지의 갈림길에 있는 것이다. 수십 명의 교육전문가에게 코로나19 이후 한국 교육이 갈 길에 관해 물었다.

"서울대학교 간다고 행복해지겠냐고……"

가장 충격적이었던 대답이다.

중앙대학교 김누리 교수 등 많은 전문가의 "한국 교육은 반反교육"이라고 외치면서 "대한민국 교육을 괴물로 만들어가는 정점에 서울대학교가 있다"라는 지적이었다.

대학 서열화의 정점이자 사회적 인맥의 중심, 암기식 입시의 심장이 바로 서울대학교라는 것이다. 실제로 노무현 대통령 때 서울대학교 폐지론이 나오기도 했다. 이제 '개천에 용 난다'는 말은 신화가 됐다. 교육이 계층 사다리가 아니라 부의 대물림을 위한 수단이 됐기 때문이다.

좋은 대학에 가기 위해서는 '엄마의 정보력, 아빠의 무관심, 할아버지의 경제력이 필요하다'라는 말도 유행한다. 교육이 출세를 위한 수단이 되면서 벌어진 웃을 수 없는 슬픈 이야기다. 대한민국은 어쩌다 이 꼴이 났는가! 수많은 학생이 현실을 견디지 못해 자살하고, 가출청소년이 해마다 늘어나고 있는데 교육 당국과 학교는 무엇을 하는가!

대한민국 학교는 더이상 '정상 교육'을 담당하지 못한다고 한다. 그렇다고 교육을 포기할 수는 없다. 이에 대한민국 교육의 새 판 짜기가 급선무다. 《넥스트 해피니스–행복한 독일 교육 이야기》[13]에서 이미 제안한 바 있는 입시 철폐, 사교육 금지, 대학 서열화 폐지 등 한국의 교육혁명 8대 매니페스토Manifesto는 코로나19 때문에 더 절실해졌다. 지옥 같은 입시 위주의 교육에서 벗어나 아이들의 적성과 소질을 계발하고, 4차 산업혁명에서 앞서가는 역량을 갖도록 하는 교육혁명이 필요하다. 학부모, 교사, 학생이 모두 나서야 한다. 삼위일체가 돼 교육혁신을 외치고, 압박할 때 가능하다. 차기 정치 지도자가 대선 공

---

13) 김택환, 《넥스트 해피니스–행복한 독일 교육 이야기》(자미산, 2017).

약으로 내세워야 실현 가능성이 커진다.

　스펙과 학벌이 아닌 몸과 마음이 행복한 우리 아이들을 위해 한
국 사회가 다시 교육의 새 판 짜기에 나설 때다. 그 시사점을 '독일'에
서 찾을 수 있다. 독일은 학생들의 천국이자 4차 산업혁명의 선도국
가기 때문이다. 대한민국의 미래는 독일을 뛰어넘어야만 한다. 다시는
이웃 나라 일본, 중국, 러시아, 미국 등에 당하지 않으려면 말이다.

대한민국의 교육의 7대 매니페스토

　먼저 대학교 서열화를 없애야 한다. 독일, 프랑스 등 일부 유럽 국
가에는 대학 서열화가 없다. 독일에서는 모든 대학교가 평등하다. 학
과와 분야에 따른 선호도나 일부 학과의 경우 입학 제한(누머러스 클
러서스$^{Nummers\ Clausus}$) 제도는 있지만(법학대학과 의과대학이 대표적인 예다),
그렇다고 해서 꼭 성적순으로만 학생들을 선발하지는 않는다. 예를
들어 노벨의학상 수상자를 여럿 배출했으며 입학 희망자도 많은 하
이델베르크대학교 의예과는 모든 입학생을 성적순으로 뽑지는 않는
다. 5점 만점 중 4점 이상을 받은 학생을 정원의 80% 정도 뽑고, 나
머지는 그보다 낮은 점수를 받은 학생 중에서 뽑는다. 점수가 낮은
학생들에게 희망을 주고 교육의 다원성을 보장하기 위함이다. 4점 이
하의 학생들은 결코 들러리가 아니다. 실제로 이런 학생 중에 대학교
입학 후 우수한 성적을 보인 사례도 많다. 기회의 평등을 실천한 것

이다.

　이어서 사교육비가 없는 교육환경을 만들어야 한다. 교육부의 발표에 따르면 2019년 한국의 초중고 평균 사교육비가 월 30만 원을 넘어섰다고 한다.[14] 갈수록 사교육 비용이 늘어나고 있다. 공교육이 사교육을 먹여 살린다는 비아냥이 나올 정도다. 과도한 사교육으로 교육의 빈익빈 부익부도 심화됐다. 사교육은 공교육의 적으로, 공동체 정신을 해친다. 4차 산업혁명 시대에 가장 필요한 아이들의 창의력을 죽인다. 만악의 근원인 사교육을 없애려면 일단 선행학습을 무용지물로 만들고, 입시 제도가 바뀌어야 한다. 독일에는 선행학습이 없고, 한국과 같은 무한 경쟁 입시 제도도 없다. 그러려면 공교육의 정상화가 필요하다. 성적이 뒤떨어진 학생이 방과 후 학교에서 교사의 지도를 받을 만한 교육환경이 필요하다. 사교육비를 줄여 행복한 취미 및 문화생활을 갖도록 지원하는 정책이 필요하다.

　그다음으로 대학 등록금이 없는 나라를 목표로 해야 한다. 앞으로 우리나라의 학령 인구, 즉 대학생 수는 급격하게 줄어들 예정이다. 인구 절벽 때문에 앞으로 5년 이내에 대학생 수가 15만 명 이상 줄어들 것이라는 전망도 있다. 대학에 투자하는 세금이 수조에 이른다. 이제 독일 등 유럽같이 대학생 등록금이 없는 나라로 가야 한다. 우선 지역 균형을 위해 지방 국공립 대학교부터 등록금을 없애고, 이후 전국 대학교로 확대하는 방안이 있다. 또 중산층과 서민층 대학생을

---

14) 교육부, <2019년 초중고 사교육비조사 결과 발표> 2020. 3. 10.

위해서 아르바이트 대신 공부에 집중할 수 있도록 생활장학금을 주는 제도의 도입을 제안한다. 독일에서는 '바펙Bafoeg' 제도를 도입해 중산층 이하 대학생에게 월 약 100만 원을 지원해준다. 대학교를 졸업하면 50%만 갚으면 되고, 성적이 20% 이내에 들면 20% 원금만 갚으면 된다. 균등한 기회 제공으로 대학생들이 돈 때문에 공부 못 하는 일이 없도록 '공부의 민주화'를 꾀한 것이다.

또, 민주시민 교육의 도입이다. 아직도 곳곳에 권위주의 유산이 남아 있는 대한민국에서는 민주시민 교육이 중요하다. 자신의 의견을 표현하고 목소리를 당당하게 내는 사회·정치적 문화가 필요하다. 이제 청소년을 계몽의 대상으로 봐서는 안 된다. 스스로 깨우치는 학습을 할 수 있게 도와줘야 한다. 유럽같이 교육감 선거에 16세부터 선거권을 부여하는 선거법 개정을 검토할 필요도 있다. 자신의 권리를 행사하기 위해 스스로 고민하고, 결정하는 리더십을 높이기 위한 전략이다. 학교마다 학생 자치의 권한을 대폭 강화하는 방안도 필요하다. 청소년이 사회의 성인으로 활동하는 준비 단계를 성실하게 경험하는 것이 국가 경쟁력을 높이는 방안이다. 나아가 정직한 성교육과 양성 평등교육이 필수적이다.

마이스터(산업 장인) 양성도 필요하다. 마이스터 제도 도입은 이중적인 효과를 거둘 수 있다. 먼저 청년 실업률을 대거 줄일 수 있고, 대기업이나 재벌의 사회적 기여의 기회를 줄 수 있다. 독일에서는 지멘스, 메르세데스-벤츠 등 대기업이 앞장서서 아우스빌둥, 즉 일과 공부를 병행하면서 마이스터가 되는 전문학교를 운영한다. 지멘스가 매년 인재개발을 위해 투자하는 비용은 7천억 원이나 된다. 과거 이명박 정부가 독일의 아우스빌둥 교육을 흉내 내어 마이스터고등학교를 세웠지만, 여러모로 독일과는 비교된다. 일단 고등학교 졸업생을 뽑는 독일과 달리 한국에서는 중학교 졸업생이 입학하며, 독일에서는 월급과 건강보험, 실업보험 등 사회보장제도에 가입해 혜택을 받지만 한국에서는 학비를 낸다. 3무無, 즉 무학비, 무교재, 무교수에 월급과 4대 보험도 보장되는 독일의 당당한 취업 신분과는 크게 대비되는 것이다. 이런 차이 때문에 한국은 마이스터 고등학교 학생의 인력 착취 문제 등 잡음도 일어났었다. 이에 일류 기업인 지멘스같이 대한민국의 대표 기업인 삼성이 앞장서서 '마이스터 사관학교'를 설립하고 월급을 주는 제도의 도입을 제안한다. 기업으로서도 이득이다. 이들을 세계적으로 앞서가는 4차 산업혁명의 전사로 양성할 수 있기 때문이다.

그리고 한국인을 넘어 세계인으로 성장해야 한다. 중·고등학생 때부터 이웃 나라인 미국, 일본, 중국, 러시아 등 주요국과의 국제 교류를 활성화하는 것이 중요하다. 이웃 나라인 일본과의 증오와 갈등을 키우는 교육을 바람직하지 않다. 철천지 원수였던 독일과 프랑스가 좋은 사례다. 잘못된 과거를 잊어서는 안 되지만, 그래도 후대의 평화교육은 중요하다. 더욱이 고등학생과 대학생의 국제 교환 프로그램을 적극적으로 지원하는 정책을 마련하자. 수출이 중요한 경제 동력인 한국은 국제 경쟁력을 지닌 인재 양성에 국가 흥망이 달려 있기 때문이다.

마지막으로, 아이들의 여가 및 취미 활동을 지원해야 한다. 초저출산 고령화 사회로 진입하고 있는 지금, 우리 아이 한 명 한 명에 대한 특별한 관심과 후원이 필요하다. '독서는 앉아서 하는 여행이고, 여행은 머리로 하는 독서'라는 말이 있듯이, 우리 아이들이 많은 여행과 문화 탐구를 할 수 있게끔 하는 지원이 중요하다. 아이들이 방학에 여행 및 취미 활동을 하도록 장려하는 방안이 필요하다. 자기계발도 중요하다. 충분한 여가와 스포츠로 심신을 단련하는 활동도 필요하다. 심신이 건강해야 공부도 잘할 수 있다.

　학생들의 클럽 및 문화 활동에 대해서도 정부의 적극적인 지원정책이 필요하다. 특히 우리 아이들의 해방공간이 많이 필요하다. 3월 시작하는 학기를 9월에 옮기는 방안도 제안한다. 긴 방학 후에 공부에 대한 열망이 높아지기 때문이다. 미국, 독일 거의 대다수 국가에서 9월에 첫 학기가 시작한다. 이는 글로벌 트렌드다.

　대한민국은 자원부국이 아니므로 인재부국으로 가야 한다. 누구나 교육을 받을 수 있는, 공평한 교육 기회가 최우선으로 보장되는 나라에 희망이 있다. 우리 아이들이 행복한 교실, 행복한 취미 및 문화 활동을 만들어야 미래가 있다. 독일에서 얻은 교훈이다.

　새로운 정치 지도자가 대한민국의 교육을 새 판 짜기를 과감하게 시도하길 기대해본다. 늦을수록 우리 아이들과 우리 대한민국이 어려워진다.

코리아 5.0 시대 창작자 선생님

대한민국의 그랜드 플랜

코로나19는 정치, 경제뿐 아니라 교육과 일상생활에도 큰 영향을 미쳤다. 이 전염병 때문에 새로운 세상이 우리 눈앞에 전개됐다. 반세계화, 국수주의 트렌드와 더불어 비대면 생활에다가 환경, 의료제약, 인공지능 등의 신기술이 더욱 중요해진 것이다. 이 같은 메가트렌드를 반영해 대한민국의 미래를 어떻게 그려갈지가 더욱 긴요해졌다.

그럼 K-방역으로 세계적으로 평가를 높이 평가받은 대한민국의 그랜드 플랜은 무엇일까?

하나의 키워드로 'Korea-5.0-창의 전략 국가'로 정의하고자 한다. 대한민국은 패스트 팔로우로서 세계적으로 평가받는 민주주의 국가와 세계 10대 경제 강국으로까지 부상했다. 하지만 이제 모방이 아닌 선도자, 즉 퍼스트 무버로 나아가야 할 상황이다. 독일이 2011년에 내건 '인더스트리 4.0'을 넘어서 앞서가는 '코리아 5.0' 시대를 열어가야 한다. 독일의 인더스트리 4.0이 인구절벽, 중국의 추격, 노동의 고도화에 맞서 '새로운 생산양식'을 내걸고 나온 국가 그랜드 플랜이라면, 코리아 5.0은 이를 넘어서 새로운 삶의 방식과 철학, 새로운 생산양식과 경제 산업, 그리고 라이프스타일을 창조하는 것이다.

코리아 5.0은 어떤 세상일까?

인더스트리 4.0을 넘어 이미 '인더스트리 5.0'의 싹이 트고 있다는 학자들도 있다. 독일의 베버 박사[Winfred Weber]와 미국의 IBCSD 랩의 마이클 라다[Michael Rada] 원장을 들 수 있다. 베버 박사에 따르면 인더스트리 5.0은 '스마트 서비스' 세상을 말한다. 인간의 결핍을 지능적으로 충족시켜줄 산업 패러다임이다. 중심 철학과 테마로는 삶의 질, 편안함, 건강 등을 들 수 있다. 증기, 전기, 인터넷, 사이버 물리학을 넘어서는 형이상학적 아젠다라고 볼 수 있다. 라다 원장은 인더스트리 5.0를 '산업적 업사이클링'이라고 설명한다. 산업을 고도로 자동 제어하는 단계다. 인간이 수많은 도구가 함께 일하는 것을 강조한다. 환경을 해치지 않은 유용한 새로운 산업을 말한다.

인더스트리 4.0은 생산 공정의 고도화, 자동화와 로봇화에 있다면, 인더스트리 5.0은 '누구나 개인이 창작자(창업자)가 되는 환경'을 말한다. 디지털 및 모바일 혁명으로 누구나 기자나 사진기자가 될 수 있듯이, 누구나 창작가가 될 수 있는 것이다. 사물인터넷, 유전학, 3D, 나노 및 마이크로 기술, 인공지능 등의 융복합으로 자신이 원하는 제품과 신제품을 출시하는 시대가 오고 있다.

6.0 농업이라는 개념이 있다. 1차 농업+2차 농산물 가공업+3차 농장 체험 서비스 산업의 결합에 근거한다. 물리적인 결합으로 통해 새로운 부가가치를 창출하는 형태다. 4차 산업혁명은 2차 산업의 고도화인 2의 제곱이다. 산업의 고도화된 형태라고 볼 수 있다.

이 학자들은 인더스트리 5.0은 2차 산업과 3차 서비스산업의 물리적 결합뿐 아니라, 화학적 융복합이 이뤄질 때 가능하다. 현재의 2차 핵심산업과 3차 서비스산업에 미래 첨단과학기술의 융복합을 가리킨다. 대표적인 영역이 바로 바이오 건강산업, 물류 및 모빌리티, 드론 및 무인 자율차 등이다.

어떻게 코리아 5.0으로 앞서갈 수 있을까?

먼저 '코리아 표준'이 가능하다. 개방, 투명, 민주를 내건 K-방역에서 보여줬듯이 우리 방식이 세계에 통할 수 있다는 가능성을 본 것이다. 이제 K-방역에서 교육, 에너지, 환경, 의료 백신 개발 등 다양한 영역으로 확장돼 갈 때 진정한 코리아 5.0이 인정을 받을 수 있다.

둘째, 코리아 5.0 뒤에는 위대한 대한민국 국민이 있다. 대한민국의 국민 DNA가 코리아 5.0을 잘할 수 있는 문화를 가졌다. 대한민국인은 앞선 머리, 스피드, 집단의식, 손재주, 창조성을 갖추고 있다. 문제는 새로운 코리아 5.0을 총체적으로 그릴 수 있는 아키텍처와 정치지도자십의 부족이다. 이를 해결하기 위해 집단 지성과 협업, 그리고 창조적 사고가 필요하다.

셋째, 코리아 5.0은 인프라가 좋다. 대한민국은 제조업 강국이면서 정보통신 강국이다. 독일의 많은 전문가가 "한국은 제조업과 디지털 두 분야의 성공적 융합으로 하이테크 제조업으로 한 단계 업그레이드시킬 기회를 맞고 있다"고 말한다. 하지만 아직 가야 할 길이 멀다. 인공지능 등 신기술에 대한 역량을 더욱 업그레이드해야 하기 때문이다.

글로벌 가치사슬이 변동하고, 미·중 전쟁이 격화되더라도 제조업 강국을 놓쳐서는 안 된다. 마스크도 못 만드는 서비스 산업대국인 미국을 반면교사로 삼아야 한다. 글로벌 대기업의 경쟁력을 더욱 높이고 세계시장에서 경쟁력 있는 중견기업 중소기업을 많이 양성하는 것이 최고의 일자리 정책이고 복지다. 창업의 활성화도 더욱 중요하다. 최고 일자리가 최고 복지이기 때문이다. 지금 기본 소득을 논할 때가 아니라 창업하고 더 열심히 창작할 때다.

코로나19 상황에서 인류의 새로운 핵심 도전과 요구는 깨끗한 물,

맑은 공기, 건강한 음식물, 지속가능한 에너지 공급, 건강과 행복 등일 수 있다.

이를 어떻게 만족시킬 수 있을까?

코리아 5.0은 이전의 생활 철학, 산업구조, 라이프스타일과 차이를 보일 수 있다. 인간과 로봇이 공존하는 세상일 수도 있고, 인간의 지능과 인공지능이 공존하는 세계일 수도 있다. 산업혁명과 진화가 공존하는 형태다. 기존의 방식을 끊고 새로운 시작이 될 수도 있다.

인류에서 지속된 두 가지 불변의 역사가 있다. 먼저 가치 창조의 혁명이 지속됐다는 점이다. 더 많은 인구 증가로 더 많은 새로운 요구와 결핍이 생겨나고 있다. 이를 해결하기 위한 인류의 노력, 즉 아이디어 발굴, 창작, 서비스 등이 이어져왔다. 인류의 번영이라고 볼 수 있다. 미래에도 더 많은 일자리, 더 많은 혁신이 필요하다. 현재로는 의료제약, 에너지, 교통물류, 건강, 환경 등이 해결해야 할 대표 분야라고 볼 수 있다.

다른 하나는 인류는 항상 새로운 어떤 것을 창조하고, 만들어왔다는 점이다. 과거에도 그러했고, 미래에도 그러하다.

신인류는 무엇을 고민하고, 무엇을 창조할 것인가?

지난 150년간 한반도는 그야말로 격동의 시대였다. 외세 침략을 시작으로 청일전쟁, 러일전쟁, 조선의 몰락과 일제 강점기, 해방과 분단, 한국전쟁 등등……. 지난 한 세기 우리는 지옥 같은 세월을 지나왔다. 하지만 불사조같이 기적을 일궈내기도 했다. 2차 세계대전 이후 최단 시간에 산업화, 민주화, 정보화를 이룩한 위대한 나라를 만들었다. 부강한 나라의 상징인 '30-50 클럽', 즉 1인당 국민소득이 3만 달러를 넘고 인구가 5천만 명 이상인 나라에 진입했다. 전쟁의 참화로 최빈국으로 전락한 대한민국은 미국, 일본, 독일, 영국, 프랑스, 이탈리아에 이어 일곱 번째로 선진국의 상징인 '30-50 클럽'에 가입했다. 이제 우리는 대한민국 역사에 자부심을 가질 만하다. 미래 세대인 학생들에게 '대한민국은 반드시 신문명이 꽃피는 시대를 맞는다'는 메시지를 전하고 싶다. 신문명이란 새로운 가치와 철학, 새로운 산업, 새로운 라이프스타일, 그리고 새로운 국제질서를 말한다. 내가 말하는 신문명을 관통하는 핵심 키워드는 생명존중, 인간존중이다.

평화통일 이후 대한민국은 세계 역사의 중심에 우뚝 서게 될 전망이다. 미국의 유명한 투자기관인 골드만삭스는 "2050년 대한민국 국민소득이 1인당 9만 달러로 미국에 이어 세계 2위를 차지하고, 통일 한국의 경제력이 세계 5위권으로 도약할 것"이라는 내용의 보고서를 발표한 적이 있다.

한반도에 신문명을 꽃피우자

지난 2000년의 인류 역사를 살펴보면 '반도'에 항상 문명의 꽃이 피었다. 반도는 대륙과 해양의 중간에 위치한다는 뜻도 있지만 원래 '길땅by land'이라는 의미를 갖고 있다. 역사적으로 대륙과 해양의 경계인 길땅에서 많은 신문명이 꽃을 피웠다.

에게 반도의 그리스는 민주주의와 철학의 문명을, 한반도와 닮은 이탈리아 반도에서는 로마법과 세계시민을, 이베리아 반도의 포르투갈과 스페인에서는 항해술과 민족국가를, 북해 쪽으로 볼록 튀어나온 반도에 자리한 네덜란드에서는 상업과 자본주의를, 그리고 스칸디나비아 반도의 스웨덴과 노르웨이 등에서는 평화와 복지의 길을 열어갔다. 길땅은 경계이자 대륙에서 해양으로 뻗어가기 위해 새로운 가치와 '그 무엇'이 필요한 것이다.

그럼 이들 반도 국가는 신문명을 꽃피우기 위한 어떤 조건을 갖췄으며 무엇을 했는가?

새 문명을 꽃피운 국가들의 공통점을 분석하면, 먼저 위대한 리더가 있었다. 그리스의 경우 소크라테스, 플라톤, 아리스토텔레스 등 우리가 학생 시절에 배운 철학자다. 로마의 경우 창업자인 로물루스와 '팍스 로마나Pax Romana' 시대를 열어간 아우구스투스 등 수많은 위대한 정치 지도자가 배출됐다. 이베리아 반도에서는 엔리케 왕자와 이사벨라 여왕이 무적함대를 앞세워 대항해 시대를 이끌었고, 상업과 주식회사를 태동시킨 네덜란드에서는 올덴바르네벨트 재상이, 그리고 복지와 평화를 세계화시킨 스칸디나비아에서는 발명가 노벨 등이 있었다. 이들 국가는 새로운 문명가치 창조의 선구자 역할을 담당했다. 이들 국가가 개척한 문명은 한 국가 차원에만 머물지 않고 세계적으로 통용되면서 확장돼갔다. 새로운 세계 표준을 만들어간 셈이다.

이제 지구상에서 한반도에서 새로운 문명이 꽃피울 때가 다가오고 있다. 새로운 리더, 새로운 가치와 표준, 그리고 전 세계가 수용 가능한 새로운 라이프스타일과 산업이 꽃피게 될 때 가능하다. 대한민국이 창의적 전략 국가로 도약하기 위해선 정치 지도자의 역할이 중요하다. 글로벌 리더로 평가받는 위대한 대통령 혹은 대선 주자를 말한다.

크리에이터 선생님으로서의 도약

대한민국이 창의적 전략 국가로 도약하기 위해선 선생님의 역할도 중요하다. 선생님 누구나가 창조적 전략가가 될 때 우리는 코리아 5.0 시대에 성큼 다가갈 것이다. 선생님 스스로 창작자가 될 때 창의성, 협업, 문제해결 등의 실천자가 되고 학생들에게 티칭과 코칭을 동시에 할 수 있기 때문이다. 경험과 이론은 하늘과 땅 차이다. 스스로 경험하고, 실패하고, 그리고 성취할 때 얻는 교훈과 지혜는 누구도 빼앗아갈 수 없는 고유한 자신의 자산이 된다.

교사 스무 명에게 '선생님 누구나 창작자가 되는 나라'에서 무엇을 하고 싶은가' 물었다. 많은 선생님이 교과목 전문가를 넘어서 시인, 작가, 유튜버, 강연자 등의 다양한 대답을 해주었다. 선생님이 창의적으로 활동할 때 아이들의 상상력과 창의력을 키우는 롤 모델이 될 수 있다. 그런 나라를 꿈꾸고 함께 만들어가고 싶다.

"《넥스트 해피니스−행복한 독일 교육 이야기》후속작으로 대한민국 교육 이야기에 대해 책을 집필할 것을 제안해요. 남의 나라 이야기를 넘어서 대한민국 교육혁신에 대해 인사이트와 제언을 부탁해요."

2019년 여름에 에듀니티 이하영 편집주간이 한 말이다. 이렇게 책의 집필이 시작되었다. 1년의 준비 기간을 거쳐 본격적인 집필에 들어갔다. 그 와중에 코로나19가 터지며 현장의 선생님들, 교수들, 교육 관계자들, 교육산업계 종사자, 교육 전문가, 그리고 일부 교육혁신에 관심 있는 정치인들의 이야기를 취재해 집대성했다. 생생한 목소리를 듣기 위해 심층 인터뷰도 했다. 또한 세 차례에 걸쳐 설문조사도 실시했다. 구체적인 경험과 깊숙한 마음속 이야기를 듣기 위함이었다. 대학 교수라는 직^職이 큰 도움이 되었다. 코로나19의 최전선의 현장에 있었던 덕이다.

'코로나19와 4차 산업혁명 시대에 교육이란 무엇인가?',

'한국 사회에서 현재 교육은 어떤 의미를 갖고 있고 어떤 혁신해야 하는가?',

그리고 '이 시대 선생님의 멋진 역할은 무엇인가?'

이는 대한민국 전체 선생님과 교수들뿐만 아니라 스스로에게 던지는 질문이기도 했다.

책 집필을 위해 먼저 관련 신문·저널 기사들과 책들을 공부했다. 이어 교사, 교수, 교육 전문가들을 만났다. 이들과 대화 및 심층 인터뷰를 실시했다. 또한 교육 관련 다양한 세미나에 참석하거나 자료를 받아 책에 활용했다.

책 집필에는 에듀니티 편집진의 도움도 받았다. 감사드린다. 여러 차례 회의를 가졌고, 한 차례 선생님들을 모시고 진행하는 오픈 토론회와 두 차례의 설문조사를 실시했다. 결과지를 받아보고 설문조사에 꼼꼼히 응답하는 선생님들의 성의와 열의에 존경하고 감탄했다. 그만큼 선생님들 역시 '한국의 교육혁명'에 대한 열정이 뜨겁다는 사실을 체감한 덕이다. 서울 보성여자고등학교 김혜진 선생님을 위시해 여러 선생님들께 감사드린다.

대학 교수들도 여럿 집필에 도움을 주었다. 먼저 온라인 교육의 효시인 한국방송통신대의 미디어영상학과 이영음 교수, 경기대 미디어영상학과 윤성옥 교수, 홍성철 교수, 사이버대학교 김중렬 총장 등이다. 고맙다.

그리고 50만 교사들의 네트워크이자 커뮤니티로 공교육과 관련된 여러 사업을 하는 에듀니티 김병주 대표, 임종훈 대표, 이기택 대표에게도 감사드린다. 한국 교육의 혁신과 미래에 많은 토론과 대화를 나누면서 영감을 받았다. 사람과교육연구소의 박재원 소장, 한양대학교 임종근 교수님에게도 감사드린다. 에듀니티에 방문해서 한국 교육의 미래에 대해 긴 시간을 대화를 나누고 의견을 들어주신 이낙연 의원에게도 특별히 감사드린다.

책 집필을 위한 수많은 취재와 설문조사로 내린 결론은 지금 대한민국에 교육혁명이 필요하다는 점이다. 이를 위해 '새로운 교육 철학, 새로운 교육 콘텐츠, 새로운 교육 방식, 그리고 새로운 교육 제도'의 혁신을 추진할 필요가 있다. 학벌을 중요시하는 입시 위주의 교육 대신 학생의 끼와 적성을 개발하고, 온라인 수업 및 인공지능에 기반해 학생 개인 맞춤형 학습을 할 필요가 있다. 포스트 코로나와 4차 산업혁명 시대에 독일을 뛰어넘기 위함이다.

이름을 일일이 거명하지 않았지만 책의 출판을 위해 많은 조언과 지혜를 제공한 많은 분께도 감사드린다. 또한 재직 중인 경기대 김인규 총장과 동료 및 선후배 교수, 임직원, 학생들에게도 감사드린다. 마지막으로 가족의 후원이 큰 힘이 되었다. 아들 산과 딸보다 더 좋은 며느리 채원이가 큰 힘이 되었다. 인생의 새 동반자 손자 김유진에게 힘을 얻고 그 세대에는 행복하고 희망찬 교육현장을 물려주는 데 기여하고 싶다.

2020년 8월

평창동에서

김택환

김택환, 《넥스트 코리아》(메디치미디어, 2012).

_____, 《넥스트 이코노미》(메디치미디어, 2013).

_____, 《넥스트 리더십》(메디치미디어, 2014).

_____, 《넥스트 인터스트리 -21세기 대한민국 국부론》(자미산 2016).

_____, 《넥스트 해피니스 -행복한 독일 교육 이야기》(자미산 2017).

_____, 《넥스트 월드&코리아 -세계 경제패권전쟁과 한반도의 미래》(김영사, 2019).

강대중 외, 《코로나19, 한국 교육의 참을 깨우다》(지식공작소, 2020).

박재원, 정유진, 《공부를 공부하다》(에듀니티, 2019).

마이클 혼, 헤더 스테이커(장혁, 백영경 옮김), 《블렌디드》(에듀니티, 2017).

미래교실네트워크, 《거꾸로교실 프로젝트》(에듀니티, 2015).

알베르 카뮈(김화영 옮김), 《페스트》(민음사, 2011).

우치다 타츠루(박동섭 옮김), 《완벽하지 않을 용기》(에듀니티, 2020).

재레드 다이아몬드(김진준 옮김), 《총, 균, 쇠》(문학사상사, 2005).

존 버그만, 애론 샘즈(정찬필, 임성희 옮김), 《거꾸로교실》(에듀니티, 2015).

존 카우치, 제이슨 타운(김영선 옮김), 《교실이 없는 시대가 온다》(어크로스, 2020).

최윤식, 《일자리 통찰》(김영사, 2020).

양영자, 〈교서 저서에 나타난 교사론의 질적 내용 분석 연구〉, 《한국교원교육연구》 2020. vol 37.

미래교육아카데미, 자유탐구 프로젝트 - 온라인 개학을 통한 학교 교육의 실천과제》 2020.

라마, https://www.linkedin.com/pulse/industry-50-from-virtual-physical-michael-rada

등 다수

부록

부록 1
- '포스트 코로나, 교육의 미래' 설문지

부록 2
- 선생님들의 2020년 1학기
수업 이야기

- 3년 차 교사의 미래 교육 상상하기 | 박소현 선생님
- 에이씨(AC-After Covid19), 교실 수업은 또 바뀌겠죠! | 이희정 선생님
- 온라인 수업 첫걸음 | 장지혁 선생님

부록 1

'포스트 코로나, 교육의 미래'
설문지

본 책에 현직 선생님들의 의견을 반영하기 위해 사용한 설문
지입니다. 본문에 대한 이해를 돕기 위해 부록으로 싣습니다 .

1. 코로나로 인한 온라인 개학 소식을 처음 접하고 어떤 기분이셨나요?

_____

_____

_____

_____

_____

2. 온라인 개학을 앞두고 어떤 마음의 준비를 하셨나요? 또 어떤 두려움이 있으셨
   을까요?

_____

_____

_____

_____

_____

3. 온라인 개학에서 혹시 새로운 기회를 엿보셨나요?

_____

_____

_____

4. 어떻게 온라인 수업을 준비하셨는지요? 디지털 기기 및 SNS 활용에 대해서 자세히 적어주시면 좋겠습니다.

_____

_____

_____

_____

5. 온라인 쌍방향 수업을 하면서 이전의 대면 수업과 다른 점을 느끼셨나요? 아니면 새롭게 깨달은 점이 있으실까요?

_____

_____

_____

_____

6. 온라인 수업의 동영상 콘텐츠를 준비하면서 어떤 어려움을 느끼셨나요? 또 온라인 수업에 관련해 설명해주실 만한 나만의 노하우가 있으실까요?

_____

_____

_____

_____

_____

7. 동료 선생님이나 학교, 교육청(교육부)로부터 도움을 받은 부분이 있으실까요?
   어떤 식으로 협업이 이루어졌나요?

8. 온라인 수업에 대한 학생들과 학부모 반응과 평가는 어떤가요?

9. 성공적인 온라인 수업을 위해 개선해야 할 점은 무엇일까요?

10. 향후 블렌디드, 즉 대면과 비대면 수업을 병행할 필요성이 있다고 보시나요? 그
    렇다면 그 방안은 무엇일까요?

_____

_____

_____

_____

_____

11. 온라인 공교육 활성화를 위해 무엇을 개혁 혹은 지원해야 할까요?

_____

_____

_____

_____

_____

12. 사교육 시장의 활성화를 막을 방안은 무엇일까요?

_____

_____

_____

_____

_____

13. 코로나19 이후, 한국 교육의 어떤 점이 변화해야 한다고 생각하시나요?

_____

_____

_____

_____

_____

14. 새로운 인재 양성을 위한 교육정책의 핵심은 무엇일까요?

_____

_____

_____

_____

_____

15. 창조적 전략 국가, 앞서가는 일류 국가로 도약하기 위해 교육의 무엇을 개혁해
    야 할까요?

_____

_____

_____

_____

_____

16. 코로나19 이전 한국 교육의 키워드는 무엇이었다고 생각하시나요?

_____

_____

_____

_____

_____

17. 코로나19 이후 한국 교육의 키워드는 무엇으로 바뀌었을까요?

_____

_____

_____

_____

_____

18. 코로나19 이후, 미래 교육에 관련된 책이 출간된다면 어떤 내용이 가장 궁금하

실까요?

_____

_____

_____

_____

_____

19. 만약 선생님께서 '블렌디드', 즉 거꾸로교실로 알려진 온오프 통합 수업(사전에 동영상을 먼저 보고 학교에서 친구들과 조별 토론과 학습을 하는 형태)을 진행한다면, 어느 과목을 어떤 주제와 방식으로 하고 싶은지요?

_____

_____

_____

_____

_____

_____

_____

20. 공교육이 살아남기 위해서 어떤 정책과 조치가 필요한지요? 특히 선생님에게 어떤 변화와 권한을 부여하는 것이 중요한지요?

_____

_____

_____

_____

_____

_____

_____

21. 만약 선생님께서 현재 교육부 장관이라면 당장 어떻게 학교 개혁를 개혁하고, 어떤 정책을 펴고 싶은가요?

_____

_____

_____

_____

_____

_____

_____

22. 선생님 모두가 창작자가 되는 나라'를 위해 어떤 창작, 유튜버, 시인, 작사가, 소설가, 작가 등이 되고 싶은가요? 어떤 주제를 다루고 싶은가요?

_____

_____

_____

_____

_____

_____

_____

실제 선생님들의
2020년 1학기 수업 이야기

3년 차 교사의
미래 교육 상상하기

박소현 선생님(소양서초등학교 5학년, 3년 차)

아이들이 없는 교실은 참 조용하다. 숨을 죽이면 시계 초침 소리가 정말 크게 들린다. 째깍째깍이 아니라 착, 착 트럼프 카드를 넘기는 소리 같다. 오후에는 따뜻한 봄바람이 창문으로 들어온다. 블라인드가 조금 떴다가 창틀에 깡, 깡 부딪힌다. 아, 그래도 고요하다. 코로나19로 교실이 빈 지 두 달, '학교는 원래 이랬어'라고 온 교실이 말하는 듯하다. 원래부터 교실에 아이들은 없었다는 착각이 든다.

가끔씩 아이들 사진을 본다. 올해 교직 3년차라 사진이 많지 않다. 해가 지나면 그해 사진은 몇 장만 남기고 모두 지워서 더 적다. 사진 속 아이들은 생동한다. 어쩌면 그때 아이들이 했던 말, 해사한 웃음소리도 들린다. "선생님! 저희 여기 있었잖아요"라고 주장한다.

앞으로 학교와 교실은 어떤 모습일까?

피에르 라비[Pierre Rabhi]는 "이제 우리는 단순히 우리의 아이들에게 어떤 지구를 물려줄 것인가, 하는 고민만으로 충분하지 않다. 이에 더해 우리의 지구에게 어떤 아이들을 물려줄 것인가까지 고민해야 한다"라고 말했다. '어떤 아이들을 길러낼까?'를 고민하자니 '나는 아이들에게 어떤 어른 모델이 되어야 할까?'를 먼저 고민하게 된다.

나는 아이들이 다양한 꿈을 갖고 자라길 바랐다. 그러기 위해서 교사는 다양한 모습을 보여줘야 한다고 생각했다. 책 읽고, 노래 부르고, 그림 그리고, 달리기 하고, 수학 문제 풀고, 글 쓰고, 악기를 연주하고, 미니어처를 만들고… 아이들이 그런 교사의 모습을 보면서 여러 경험을 함께하기를 바랐다.

그 마음은 계속해서 작아졌다가 커졌다가 한다. 내가 얼마만큼의 다양한 모습을 보여줄 수 있을까? 그 마음은 2년이 넘는 시간 동안 작아졌다가 커졌다가 하면서 나는 좋은 어른 모델이 되어야겠다는 마음이 되었다. 나를 자주 돌아보고, 새롭고 다양한 것에 도전하고, 타인의 아픔에 공감하며, 이타적인 행동을 하는 어른 모델이 되어야 겠다는 마음. 아이들에게 좋은 어른 모델을 보여주고 우리 아이들이 이런 어른으로 자라기를 바라는 마음. 동시에 나도 좋은 어른에 시나브로 가까워졌으면 하는 마음.

그래서 아이들을 대면하지 않는 학교와 교실이 어렵다. 나의 마음을 세웠는데 컴퓨터나 스마트기기를 사이에 두고 전하기가 아무래도 어렵다. 또 내용 지식은 잘 전달되고 있을까? 원격 학습을 하면서 필요한 사회적 기술을 배우고 있을까? 나와 라포 형성이 되고 있을까? 모든 게 궁금하다. 그러나 무엇보다, 이 모든 걸 제치고, 아이들과 눈을 마주치는 게 많이 그립다. 다만 이 경험으로 학교와 교실이 이렇게 바뀔 수도 있지 않을까 상상한다.

첫째, 학교는 모임과 토론의 광장 역할을 한다. 원격 수업을 하면서 내용 지식이 오가고 학생-교사, 학생-학생, 교사-교사 간 의견 교류가 이루어지는 모습을 보았다. 그러나 아무리 좋은 기술 배경이 있더라도 물리적인 공간에 모여 의견을 정리하는 과정이 필수적이라고 생각한다. 특히 학교는 여러 교실로 공간이 나뉘고 지역마다 존재하기 때문에 미래 사회에 고대 아고라 광장과 같은 기능을 할 수 있다.

둘째, 학교는 시행착오와 탐색의 현장이다. 미래 사회는 도전과 창의성을 보다 요구한다. 학생들은 학교에서 도전하고 창의성을 마음껏 발휘하여 시행착오를 겪은 다음 더 나은 방향을 탐색할 수 있다. 예를 들어 이미 여러 학교에서 실시하는 '창업', '세계문화', '건축' 등의 교과 프로젝트 경험을 제공하여 학생들의 계발을 돕는 것이다.

셋째, 학교는 교육 도서관 역할을 한다. 누구나 열람 가능한 교육 자료를 비치하고 교구재 대여, 자료 개발, 교육과정 연구 등 종합적인 역할을 하는 것이다.

넷째, 교실 수업은 비계를 달리하여 학생 맞춤형 수업을 한다. 원격 수업을 하면서 좋았던 점은 학생 결과물을 이미지, 음성 등 정보로 확인·기록하고 교사는 이미지, 텍스트, 영상 등 다양한 방법으로 피드백한다는 점이었다. 미래 사회에서 자료의 정보화와 처리가 용이

하기 때문에 학생 수준에 맞게 비계를 달리 제공할 수 있다. 인공지능이 학생 결과물을 처리하여 그다음 과제를 제시하는 것과 같은 모습이다.

다섯째, 교사는 배움이 이루어지는 상황을 고민하고 연출한다. 기술 발전으로 우리는 가상현실을 만들고 체험한다. 이를 활용하여 교사들이 배움이 이루어지는 상황을 적극적으로 탐색·고민하고 연출하는 모습을 기대한다. 나는 수학과 원격 수업을 준비하며 학생들에게 여러 가지 자료를 문제 상황으로 제공할 수 있는 부분이 좋았다. 이처럼 교과서는 점점 더 수많은 수업 자료 중 하나가 되고 개별 교사의 색깔이 드러나는 수업이 이루어질 것이다.

나는 미래 교육을 상상하면 두렵고 설렌다. 어쩌면 학교와 교실이 요즘같이 고요한 공간이 될까봐 두렵다. 그러나 오히려 학교와 교실이 생동하고 이곳에서 교육공동체가 서로의 마음을 보이고 나눌 수 있다는 생각을 하면 설렌다. 그러면 그때 지금보다 더 좋은 어른의 모습으로 이렇게 말하겠다.

여러분! 저도 여기 있었잖아요.

에이씨(AC – After Covid19), 교실 수업은 또 바뀌겠죠!

이희정 선생님(가고파초등학교 3학년, 17년 차)

　　지난달까지만 해도 유튜브란 놈. 볼 줄만 알았지 채널은 어떻게 만드는지 업로드는 어떻게 하는지 전혀 몰랐습니다. 그랬던 제가 온라인 수업을 위해 파워포인트로 강의 동영상도 만들고, 부끄럽지만 유튜버가 되었습니다. 무엇이 저를 이렇게 만들었는지 다들 아시리라 생각됩니다.

　　지금 세상은 코로나 이전(A.C.)과 이후(B.C.)로 나눠진다고 할 만큼 이전에 우리의 생활 패턴이 강력하게 변화할 것은 분명합니다. 특히! 교육계는 여러 측면에서 변화를 강요당하고 있는 것 같습니다. 코로나로 인해 변화의 속도가 빨라져서 조금 부담스럽긴 합니다만 올해 17년 차 현직 교사 입장에서는 이 변화가 당연하고 필연적이라 여겨집니다.

올해부터 아침마다 열심히 종이신문도 읽고 있습니다. 코로나19로 인해서 가장 많이 변화할 부분 중 하나인 '교육' 분야는 거의 매일 기사가 올라옵니다. 온라인 학습에 관한 비판부터 에듀테크까지, 오피니언에도 다양한 관점에서 코로나 이후의 교육을 이야기합니다. 범위를 조금 좁혀서 교실 속 '온라인' 수업에 초점을 둔다면 교사들에게 아래 세 가지의 역량이 준비되어야 합니다.

유연한 사고
– 블렌디드 러닝으로 변화

저는 올해 3학년 담임이며, 총 10반으로 꽤 규모가 큰 학교에 근무 중 입니다. 10반의 담임선생님들의 연령층이 꽤 다양합니다. 막 교대를 졸업한 새내기 교사부터 경력 40년이 다 되어가는 고참 선생님까지. 제 위치가 딱 중간쯤 된답니다. 올해의 온라인 개학 사태는 새내기 교사나 40년 고참 선생님이나 저처럼 15년이 넘어가는 중견교사나 모두 똑같이 처음 겪는 일입니다. 무얼 어찌할지 몰라서 많이 헤맸지요. 처음엔 e학습터의 학급 개설도 매뉴얼을 찾아봐야 했고, 옆반 선생님을 호출해야 했지만 이젠 각자 수업도 만들고, 좋은 콘텐츠도 올릴 수 있습니다. 강좌 복사도 능숙하게 할 뿐 아니라 각 반에서 강의 수정도 할 정도로 익숙해졌습니다.

코로나로 인해 다가올 미래 교육의 모습을 더 빨리 받아들이게 된 것 같습니다. 지금까지 전통적 방식의 학교에서 오프라인과 온라인의 융합 교육인 블렌디드 러닝으로의 변화를 빨리 받아들이는 사고가 필요하다고 생각됩니다. 얼마 전 읽은 《블렌디드》라는 책에서는 전통적 학습에서 벗어나 디지털 시대에 걸맞는 교육방식으로의 변화가 필요하다고 말합니다. 어쩌면 아이들은 더 빨리 받아들일 수 있을지도 모릅니다. 이를 위해 교사들은 변화의 파도를 탈 줄 아는 유연한 사고를 가져야 합니다.

도구를 다루는 기술
– 유튜브

온라인으로 개학하고, 처음에는 어찌할지 우왕좌왕하더니 곧 엄청난 양의 자료가 교사 커뮤니티에 올라왔습니다. 개인적으로 대한민국 교사들이 정말 우수하다고 생각되는 게, 바뀌면 바뀌는 대로 정부 정책에 맞춰 뚝뚝 수업 자료를 만들어내는 선생님이 많습니다. 저 역시 당장 온라인 콘텐츠를 찾아야 하니 처음에는 이것저것 검색해보다가 어느 순간 '내가 한번 수업을 만들어볼까' 하는 마음으로 일을 저질렀습니다. 순서는 다음과 같습니다.

첫 번째, 수업용 파워포인트 만들기(다행히도 무료 템플릿이 많았습니다.)

두 번째, 파워포인트에 녹음해서 영상 만들기(수석 선생님의 줌 연수 후 바로 실행)

세 번째, 썸네일 만들기(미리캔버스 사이트로)

네 번째, 무비메이커로 음악 삽입하기

마지막, 유튜브 채널 개설과 업로드

이런 과정을 매일 하나씩 해나갔습니다. 부끄러운 고백이지만, 사실 그동안 인터넷에서 그저 좋은 자료를 다운로드만 하며 수업해온 나날이었습니다. 이렇게 내 손으로 수업 자료를 정성껏 만들 줄이야. 하나씩 배우면서 해보니까 아주 고퀄리티는 아니지만 이 정도는 할 수 있겠다 싶습니다. 또 교사들이 이 정도의 도구는 다룰 줄 알아야 한다는 생각도 들고요. 유튜브는 또 다른 세계더라구요. 영영 몰랐으면 어쩔 뻔했을까 정도로, 어쩌다가 유튜버가 되어 버렸답니다.

협업 능력
– 동학년과의 협력

동학년 분위기만 좋아도 학교생활이 훨씬 재미있어집니다. 자의든

타의든 4월 1일 자 정식 출근 이후(물론 그 전에도 계속 출근하긴 했지만) 학년 단위로 회의할 사항도 많아지고 함께 점심도 같이 먹으니 그야 말로 학교 식구가 되었습니다. 우리 학년의 경우 동학년 내에서 업무 분장이 되어 있으며, 교육 과정과 평가 영역도 각자 한 과목을 맡아 서 하고 있답니다. 이번 온라인 수업 콘텐츠 또한 각자 담당한 과목 을 책임지고 있고요. 그뿐만 아니라 각 학급에서 전화 상담으로 소통 하는 걸 자주 나누기도 합니다. 경력이 많은 선생님들께 노하우를 배 울 수 있는 부분이 여기에 있지요. 혼자서 고민하기보다는 이야기를 꺼내서 동학년 선생님들과 함께하면 훨씬 수월하게 해결됩니다. 아이 들에게 협업의 중요성을 늘 일러주지만 사실 교사에게 필요한 가장 역량이 협업 능력이 아닐까 생각됩니다.

우리의 예상보다 훨씬 더 빨리 미래 교육이 다가올 것 같습니다. 두려움 말고 변화를 받아들이기, 아이들과 소통할 수 있는 다양한 도구를 접해보기, 무엇보다 내 옆의 동료들과의 협업으로 미래 교육 에 한 걸음 더 다가갈 수 있으리라 기대합니다.

온라인 수업
첫걸음

장지혁 선생님(신용초등학교 5학년, 10년 차)

언택트 교육의 시작

언택트^{Untact}가 화두다. 언택트는 접촉^{Contact}에 '아니'라는 접두사^{Un}가 붙은 신조어로, '접촉하지 않는다'는 의미다. 사실 코로나 바이러스 전에도 언택트는 존재했다. 패스트푸드점의 키오스크, 기업 고객센터의 챗봇 등 우리 주위에는 알게 모르게 언택트가 스며드는 중이었다.

언택트는 대면 관계를 선호하지 않는 소비자의 태도가 변화하면서 시작됐는데 코로나 바이러스로 인해 더욱 가속화되고 있다. 사람들은 집 안에서 모든 생활을 해결한다. 장 볼 때도 동네 마트 대신 온라인 쇼핑몰을 이용한다. 퇴근 후 들르던 헬스장도 홈트레이닝이 대체했다. 전문가들은 이러한 문화가 코로나 바이러스의 종식 이후에도 이어질 것이라는 의견이다.

교육계도 갑작스러운 변화에 직면했다. 미래 교육이라는 말이 최근 몇 년간 많은 선생님 입에 오르내렸지만, 온라인 수업이 이런 식으로 강행되리라 예상할 사람은 아무도 없었다. 그로 인해 현장에서는 혼란이 극심하다. 평소 IT 기기 활용을 즐겨왔지만, 이런 상황은 전혀 반갑지 않다. 한 번도 만나보지 못한 학생들과 온라인으로 수업을 효과적으로 운영해야 하기에 더욱더 그렇다. 평소 상황이라면 학생들과 함께 학교에서 IT 기기 활용법부터 차근차근 공부하며 온라인 수업을 도입할 수 있었겠지만, 올해는 말 그대로 느닷없이 온라인 수업부터 시작해야 했으니 말이다.

학생들은 익숙하지 않은 학습 플랫폼과 SNS로 학교 수업을 대체해야 했지만, 학교에서 교사에게 학습 플랫폼, SNS 사용 방법을 물어볼 수도 없었다. 집에서 부모님과 함께 하나하나 해결해나갈 수밖에 없었다. 온라인 수업 운영 전부터 장벽이 존재했던 셈이다. 학생의 나이대가 낮아질수록 특히 이런 문제가 더욱 부각됐다. 그렇지만 교사와 학생들은 이 상황에 적응할 수밖에 없다. 온라인 수업 운영의 경험은 앞으로도 교육에 큰 영향을 미칠 것이다.

온라인 수업의 방향

학교 현장에서는 온라인 수업을 어떻게 운영할지 많은 논의가 오 갔다. 학습 플랫폼 선택부터 수업 영상 촬영 방법, 실시간 수업 프로 그램 사용 방법까지. 여기서 주의해야 할 점은 수업의 '본질'이다. 온 라인 수업을 어떻게 풀어낼 것인지 '방법'이 중요하기는 하지만, 수업 의 본질은 온라인이든 오프라인이든 같으리라고 생각한다.

오프라인 수업에서 수업의 성패를 가르는 것은 '교사의 강의'만이 아니다. 수업 속에서 이루어지는 학생의 생각을 끌어내며 이루어지 는 소통부터 학생의 학습 결과물에 대한 피드백까지, 수업의 질을 구 성하는 요소는 다양하다. 어쩌면 오히려 이런 부분이 교사의 강의보 다 중요하다.

현재 온라인 수업 운영에 논의돼야 할 지점은 '수업 영상'을 어떻 게 만들 것인가 혹은 어떤 '콘텐츠'를 줄 것인가뿐만이 아니다. 이 지 점을 넘어서야 한다. 이러한 고민은 결국 오프라인 수업에서 어떻게 강의를 잘할 것인가에 관한 고민과 비슷하다. 결국 온라인 수업의 성 패는 학생들과 어떻게 소통하고, 피드백할 수 있느냐에 달려 있다. 온 라인 수업은 오프라인 수업보다 소통과 피드백이 힘들다. 수업 영상 이나 콘텐츠는 널려 있으니 이를 바탕으로 학생의 생각을 이끌어냄 으로써 소통하고 피드백을하는 것이 성공적인 온라인 수업의 키가 아닐까 싶다.

온라인 수업에서 소통과 피드백

온라인 수업으로 처음으로 만나는 학생들과 소통하려면 위두랑, 클래스팅 등 학급 SNS를 개설하는 것이 좋다. 아직 라포가 형성되지 못한 낯선 학생들과 온라인으로 수업할 경우, 어려움을 겪을 수 있다. 실시간 쌍방향 수업에서는 재잘재잘대던 학생들이 온라인에서는 침묵하는 경우도 많다. 처음 만나는 선생님과 친구들 앞에서 어색할 뿐더러 온라인으로 이야기하는 것도 학생들에게는 낯선 일이다. 따라서, 학생들과 소통할 수 있는 창구를 마련하여 지속적으로 이야기를 나누는 것이 온라인 수업에 도움이 된다.

가정에서 부모님 없이 교사가 제공한 영상이나 e학습터 또는 EBS 온라인 클래스에 올라온 콘텐츠를 보고 학습 내용을 완전히 이해하는 학생은 소수다. 학생들에게는 교사의 온라인 피드백이 반드시 필요하다. 수업 영상 교사의 피드백이 온라인 수업에 더 큰 영향을 미칠 수 있다. 피드백은 정보제공자, 시기, 구체성 등 분류 방식에 따라 다양하지만 유의미하게 활용 가능한 피드백은 확인적 피드백과 정교화 피드백[1]이다.

확인적 피드백은 교사가 학습 결과에 대한 정답과 오답을 알려주는 간단한 피드백을, 정교화 피드백은 학습 결과에 대한 구체적인 정

---

1) 김난옥, 박민애, 이빛나, 손원숙(2018), 교사의 특성과 피드백이 초등학생의 정의적, 인지적 성취에 미치는 영향, <교육과정 평가연구> 21호 pp.129~151.

보를 제공하는 피드백을 의미한다. 정교화 피드백은 학생들이 학습 목표를 찾고 문제를 스스로 해결하도록 돕는 것, 학생의 이해 정도를 파악하고 올바른 답에 도달할 수 있도록 던지는 관련 질문 등을 포함한다.

온라인 수업에서는 정교화 피드백을 잘 사용해야 하지만, 모든 수업에서 모든 학생에게 정교화 피드백을 활용할 수는 없다. 물리적, 시간적인 한계가 있기 때문이다. 하지만 면대면으로 마주하지 않고 온라인 수업으로만 학습을 진행하는 상황에서는 정교화 피드백을 중심으로 학생들의 학습 성취를 끌어올리는 일이 필요하다. 온라인 수업에서는 학생들의 학습 결과물을 학급 SNS로 수합하고 학생의 학습 성취에 따라 확인적 피드백과 정교화 피드백을 활용하여 학생들의 학습을 확인해야 한다.

동기유발적 피드백과 과제지향적 피드백도 있다. 동기유발적 피드백이란 격려하는 활동이나 의사소통을 촉진시키는 활동 등을 가리킨다. 동기유발적 피드백은 교사와 학생간의 유대감을 강화시키고, 동기를 유발함으로써 학습자가 학습활동에 보다 적극적으로 참여하도록 유도하는 역할을 한다. 반면 과제지향적 피드백이란 특정 활동에 필요한 정보를 제공하고 학습 결과를 평가한 뒤 피드백하는 활동 등을 의미한다. 과제지향적 피드백은 학습자들이 과제에 보다 집중할 수 있게 함으로써 학습능력을 높여주는 역할을 한다.

각각의 학생의 학습 스타일에 따라 동기유발적 피드백과 과제지향적 피드백의 효과는 다르다.[2] 교사가 수업을 이끌어가기를 원하는 장의존적인 학생에게는 동기유발적 피드백이 효과가 있고, 독자적인 활동을 선호하는 장독립적인 학생에게는 과제지향적인 피드백이 효과가 있다. 특히 온라인 수업에서 장의존적인 학생은 교사의 도움을 직접적으로 받기가 힘들어 학습에 어려움을 겪을 수 있다. 장의존적인 학생에게 동기유발적 피드백을 통해 학습 동기를 유지시키고 지속적으로 학생의 학습 상황을 확인하고 피드백을 주는 활동이 필수적이다. 물론 처음 만나는 학생들을 장의존적, 장독립적으로 구분하기란 쉽지 않다. 온라인 수업의 진척도와 학습 결과물을 보고 각각의 학습 스타일을 파악해 적절하게 피드백할 필요가 있다.

장의존적인 학생	장독립적인 학생
1. 개념이나 자료에 대해 총체적인 관점으로 지각 2. 교육과정의 자기화-개념을 자신의 경험과 연결 3. 교사로부터 안내와 시범을 원함 4. 교사와의 관계를 강화해주는 보상을 요구 5. 타인과 활동하기를 선호하고 타인의 감정과 의견에 민감 6. 교사에 의해 구조화된 활동 선호 7. 협동하기를 좋아함	1. 교육과정 자료의 세부사항에 초점 2. 사실과 원리에 중점 3. 교사와의 물질적인 접촉을 별로 원하지 않음 4. 교사와의 공식적인 상호작용은 자신에게 부여된 과제에 국한시킴 -비사교적인 보상을 요구 5. 독자적인 활동을 선호 6. 경쟁을 좋아함 7. 스스로 정보를 구조화

출처: 효과적인 교수법. Grazy D. Borich

2) 조성문, 김정남(2009), Blended Learning에서 학습자의 인지양식에 따른 피드백 유형이 학습동기 및 학업성취도에 미치는 효과, <한국교육문제연구소> 제27권 2호, pp.91~112.

3) 2020학년도 초중고특수학교 원격수업 운영기준안.

온라인 수업의 유형

온라인 수업에는 세 가지 유형[3]이 있다. 실시간 쌍방향 수업, 콘텐츠 활용 중심 수업, 과제 수행 중심 수업이다.

실시간 쌍방향 수업은 실시간 원격교육 플랫폼을 활용하여 교사, 학생 간 화상 수업을 실시하며, 실시간 토론 및 소통 등 즉각적 피드백이 가능한 수업이다. 이를 위한 프로그램으로는 줌, 밴드, 마이크로소프트 팀즈, 구글 행아웃이 있다.

교사, 학생이 모두 영상과 음성으로 출석하고 수업할 수 있기 때문에 다양한 수업 방법이 가능하다. 강의뿐만 아니라 학생들과의 질의응답, 토의, 토론 수업이 가능하다. 하지만 오프라인에서 만나보지 못한 선생님과 같은 반 친구들 앞에서 자유롭게 발표하기란 쉽지 않으며, 장시간에 걸친 실시간 쌍방향 수업은 집중력의 저하를 일으키기도 한다.

콘텐츠 활용 중심 수업은 지정된 녹화강의 또는 학습 콘텐츠를 시청하고 교사는 학습 내용을 확인 후 피드백을 주는 수업이다. 또는 학습 콘텐츠를 시청하고 댓글 등에서 토론을 할수도 있다. EBS 온라인 클래스 혹은 e학습터를 주로 이용한다.

학습 내용이 많은 사회, 과학과 같은 교과가 콘텐츠 활용 중심 수업에 적합하다. 학습 콘텐츠를 시청한 후에 기록한 공책을 학급 SNS에 업로드한 다음 교사에게 피드백을 받거나 댓글로 원격 토론을 할 수 있다.

마지막으로 과제 수행 중심 수업은 교사가 온라인으로 교과별 성취기준에 따라 학생의 자기주도적 학습 내용을 맥락적으로 학인 가능한 과제를 제시하고 피드백을 주는 것이다. 국어과에서 예를 들자면, 기본 학습은 콘텐츠 활용 중심 수업으로 독서감상문을 작성하는 방법을 배우고 실천학습은 과제 수행 중심 수업으로 운영하여 독서감상문 등을 작성해서 제출하는 식이다.

실시간 쌍방향 수업

실시간 쌍방향 수업 단원 설계

실시간 쌍방향 수업은 교사와 학생이 소통하며 수업을 한다. 실시간 쌍방향 수업을 지원하는 프로그램에 따라 학생이 수업에 참여하는 양상이 달라진다. 예를 들어 줌, 마이크로소프트 팀즈, 구글 행아웃의 경우에는 교사와 학생 모두 화상으로 수업에 참여할 수 있다. 유튜브 실시간 스트리밍이나 밴드 라이브 수업의 경우에는 학생은 채팅으로만 참여할 수 있는 제한점이 있다.

초등학교에서는 모든 수업을 실시간 쌍방향 수업으로 운영하기 힘들다. 집중력 저하 문제도 있고, 각 가정의 IT 기기 상황 등을 고려하여 실시간 쌍방향 수업을 운영해야 한다. 따라서 실시간 쌍방향 수업에 알맞은 과목을 선택하여 운영하는 것이 좋다. 또는 아침 조례와 종례 시간에 실시간 쌍방향 수업을 운영할 수 있다. 조례 시간에는 당일 학습을 안내하고 종례 시간에 학습 점검 및 피드백이 가능해야 있다. 실시간 쌍방향 수업, 콘텐츠 활용 중심 수업, 과제 수행 중심 수업을 적절하게 분배하여 운영해야 한다.

우선 실시간 쌍방향 수업을 운영하기에 적합한 과목을 선택해야 한다. 실시간 쌍방향 수업은 학생들이 발표, 질문을 할 수 있고 토론까지 가능하기 때문에 이에 적합한 교과를 선택한다. 학생들과 실시간 쌍방향 수업을 운영할 교과로 5학년 과학 3단원 태양계와 별을 선택했다. 컴퓨터나 태블릿으로 실시간 쌍방향 수업을 하며 태양계와 별과 관련된 구글 어스 혹은 여러 천체 관련 앱을 시연하는 모습을 보여줄 수 있기 때문에 선택했다. 또한 '태양은 우리에게 어떤 영향을 미칠까요' 등과 같은 차시에서 학생들과 함께 토의하며 수업을 진행했다.

실시간 쌍방향 수업을 위한 교과와 단원을 선정한 후에 차시별로 수업을 계획해야 한다. 오프라인 수업과는 달라서 계획 없이 수업을 진행했다가 당황할 수 있다. 나 역시 첫 번째 차시를 큰 계획 없이 진행했다가 낭패를 봤다. 온라인 수업에서 40분과 오프라인 수업의 40분은 달랐다. 학생들은 온라인 수업이 어색한지 입을 잘 열지 않는다. 혼자서 긴 시간 동안 여러 설명을 하려니 여간 힘든 것이 아니었다. 꼭 학습 자료를 준비하고 계획해야겠다고 다짐했다.

실시간 쌍방향 수업을 위해 차시 계획을 아래와 같이 세웠다. 칠판 없이 수업해야 하기 때문에 슬라이드를 많이 활용한다. 교사의 음성으로만 전달하기에는 많은 한계가 있다. 가정마다 IT 기기의 상황

Aa 차시	☰ 수업 흐름	☰ 학습 자료	+
태양은 우리에게 어떤 영향을 미칠까요?	토의 → 발표 → 학습 내용 정리	슬라이드	
태양계에는 어떤 구성원이 있을까요?	조사 학습 → 발표 → 학습 내용 정리	슬라이드	
태양계 행성의 크기를 비교해볼까요?	천체 앱 활용 크기 비교 → 학습 내용 정리	영상 자료 천체 앱	
태양계 행성은 태양에서 얼마나 떨어져 있을까요?	교사의 설명 → 실험 활동 → 발표 → 학습 내용 정리	슬라이드 실험 준비물	
별과 별자리를 찾아볼까요?	천체 앱 활용 별과 별자리 관찰 → 학습 내용 정리	천체 앱	
밤하늘에서 북극성은 어떻게 찾을까요?	교사의 설명 → 학습지 활용하여 북극성 찾기 → 학습 내용 정리	천체 앱 학습지	
행성과 별은 어떤 점이 다를까요?	조사 학습 → 발표 → 학습 내용 정리	슬라이드	
태양계와 별을 정리해볼까요?	단원 학습 내용 정리 → 발표 및 피드백	슬라이드	

+ New

이 다르기 때문에 명시적으로 보여줄 수 있는 슬라이드를 활용하는 것이 좋다고 판단했다. 스피커가 좋지 않아 잘 들리지 않더라도 슬라이드만 있으면 잘 보이기 때문이다. 줌은 특정 프로그램 화면을 학생들에게 공유할 수 있어 학생들에게 구글어스나 천체 관련 앱을 공유하여 활용했다. 학습 내용 정리는 공책이나 실험관찰에 학습 내용을 기록한 후에 학급 SNS에 사진으로 촬영하여 업로드하고 교사는 학생들의 학습 결과물 확인 후 피드백한다.

실시간 쌍방향 수업 프로그램

실시간 쌍방향 수업을 지원하는 프로그램에는 줌과 구글 행아웃, 마이크로소프트 팀즈 등이 있다. 개인적인 상황에 따라 프로그램을 선택하면 되는데, 나는 학생의 회원가입이 필요 없는 줌을 선택했다. 온라인 수업을 하면서 학생들은 학급 SNS, 실시간 쌍방향 수업 프로그램 등과 같은 여러 프로그램에 회원가입해야 하는데 이에 대한 배려 차원이다. 줌의 또 다른 장점은 수업 입장이 쉽다는 것이다. 학생들은 교사가 공유한 수업 초대 링크만 클릭하면 바로 수업에 입장할 수 있다. 수업 입장이 쉬운 만큼 보안 이슈가 있지만 대기실 기능을 활용하여 우리 반 학생들만 수업에 입장하게 하고 수업 입장 비밀번호를 설정할 수 있다.

콘텐츠 활용 중심 수업

콘텐츠 활용 중심 수업 단원 설계

콘텐츠 활용 중심 수업은 학생들에게 동영상 강의 또는 학습 콘텐츠를 시청하게 하고 교사가 이를 확인하고 피드해주는 방식이다. 학습 콘텐츠 시청 후 댓글 등으로 원격토론 등의 활동도 할 수 있다. 학생들이 이용 가능한 콘텐츠로는 교사가 직접 촬영한 수업 영상과 학습 플랫폼인 e학습터, EBS 온라인 클래스 내에 있는 콘텐츠가 있다.

5학년 수학 1단원 자연수의 혼합계산 단원을 콘텐츠 활용 중심 수업으로 선택했다. 우선 e학습터 내에 있는 수학 1단원 콘텐츠를 확인해보니 총 5차시로 이루어져 있다. 실제 교과서와 비교해보면 비어 있는 차시가 눈에 보인다. '덧셈, 뺄셈, 곱셈이 섞여 있는 식을 계산해

볼까요', '덧셈, 뺄셈, 나눗셈이 섞여 있는 식을 계산해볼까요', '덧셈, 뺄셈, 곱셈, 나눗셈이 섞여 있는 식을 계산해볼까요'와 도전수학, 얼마나 알고 있나요, 탐구수학이 빠져 있다.

e학습터 콘텐츠도 교육과정의 성취기준을 달성할 수 있도록 차시 설계가 되어 있겠지만 가정에서 수학 교과서로 공부할 학생들을 위해 교사가 직접 촬영한 수업 영상 또는 외부 콘텐츠를 e학습터에 공유하여 운영하도록 설계한다. 또한 '도전수학'과 '얼마나 알고 있어요', '탐구수학'은 과제 수행 중심 수업으로 운영하여 학생들이 교과서에 있는 문제를 먼저 풀어볼 수 있도록 한다. 과제 수행 중심 수업 활동으로는 교과서 문제를 풀고 설명하는 영상을 학생이 직접 촬영한 다음 SNS에 업로드하도록 한다. 학생들이 올린 영상을 보고 교사가 피

E학습터 콘텐츠			실제 교과서 차시
	1차시 8~9쪽	단원 도입	· 단원 도입 그림을 보면서 혼합 계산이 필요한 상황을 이해하게 한다. · 혼합 계산식에서의 계산 순서에 따라 그 결과가 어떻게 달라질지에 대하여 생각해 보게 한다.
	2차시 10~11쪽	덧셈과 뺄셈이 섞여 있는 식을 계산해 볼까요	· 실생활 문제 상황을 통하여 덧셈과 뺄셈이 섞여 있는 식을 만들어 보게 한다. · 괄호가 없을 때와 있을 때의 덧셈과 뺄셈이 섞여 있는 식을 비교하며, 계산 순서에 따라 그 결과가 달라짐을 알 수 있게 한다.
덧셈과 뺄셈이 섞여있는 식의 계산	3차시 12~13쪽	곱셈과 나눗셈이 섞여 있는 식을 계산해 볼까요	· 실생활 문제 상황을 통하여 곱셈과 나눗셈이 섞여 있는 식을 만들어 보게 한다. · 괄호가 없을 때와 있을 때의 곱셈과 나눗셈이 섞여 있는 식을 비교하며, 계산 순서에 따라 그 결과가 달라짐을 알 수 있게 한다.
곱셈과 나눗셈이 섞여있는 식의 계산	4차시 14~15쪽	덧셈, 뺄셈, 곱셈이 섞여 있는 식을 계산해 볼까요	· 실생활 문제 상황을 통하여 덧셈, 뺄셈, 곱셈이 섞여 있는 식을 만들고, 계산 순서와 방법을 이해하고 계산하게 한다. · 괄호가 없을 때와 있을 때의 덧셈, 뺄셈, 곱셈이 섞여 있는 식의 계산 순서와 방법을 이해하고 계산하게 한다.
사칙연산이 섞여있는 계산에서 틀린부분 찾아 바르게 계산하기	5차시 16~17쪽	덧셈, 뺄셈, 나눗셈이 섞여 있는 식을 계산해 볼까요	· 실생활 문제 상황을 통하여 덧셈, 뺄셈, 나눗셈이 섞여 있는 식을 만들고, 계산 순서에 따라 그 결과가 달라짐을 알 수 있게 한다. · 괄호가 없을 때와 있을 때의 덧셈, 뺄셈, 나눗셈이 섞여 있는 식의 계산 순서와 방법을 이해하고 계산하게 한다.
(사칙연산이 섞여있는) 혼합계산으로 문제 해결하기	6차시 18~19쪽	덧셈, 뺄셈, 곱셈, 나눗셈이 섞여 있는 식을 계산해 볼까요	· 실생활 문제 상황을 통하여 덧셈, 뺄셈, 곱셈, 나눗셈이 섞여 있는 혼합 계산 순서를 이해하고 계산하게 한다.
(사칙연산이 섞여있는) 혼합계산으로 목표수 만들기	7차시 20~21쪽	[도전 수학] 문제를 만들어 볼까요	· 실생활 문제 상황에 맞는 혼합 계산식을 찾아 설명하게 한다. · 주어진 혼합 계산식에 어울리는 새로운 문제를 만들어 계산하게 한다. · 조건에 맞는 문제를 만들어 친구와 함께 해결해 보게 한다.
계산기를 이용하여 혼합계산하기	8차시 22~23쪽	[얼마나 알고 있나요]	· 여러 가지 혼합 계산에 관한 다양한 문제를 해결하며, 이 단원에서 배운 내용을 정리하게 한다.
	9차시 24~25쪽	[탐구 수학] 계산기를 사용하여 계산해 볼까요	· 앞서 배운 계산 순서에 따른 혼합 계산식의 계산 결과와 계산기를 사용하여 얻은 계산 결과를 비교하여 설명하는 활동을 통해 계산기의 특징을 알게 한다. · 계산기의 편리한 기능을 익혀서 혼합 계산을 하는 데 활용하도록 한다. · 혼합 계산식을 순서에 맞게 계산하고 계산기를 사용하여 계산 결과를 확인하게 한다.

콘텐츠 활용 중심 수업

차시	수업 방법	수업 흐름	학습 자료
덧셈과 뺄셈이 섞여 있는 식을 계산해볼까요	콘텐츠 활용 중심 수업	콘텐츠 학습 → 교과서 사진 촬영 업로드 → 교사 피드백	e학습터
곱셈과 나눗셈이 섞여 있는 식을 계산해볼까요	콘텐츠 활용 중심 수업	콘텐츠 학습 → 교과서 사진 촬영 업로드 → 교사 피드백	e학습터
덧셈, 뺄셈, 곱셈이 섞여 있는 식을 계산해볼까요	콘텐츠 활용 중심 수업	콘텐츠 학습 → 교과서 사진 촬영 업로드 → 교사 피드백	외부 영상 활용
덧셈, 뺄셈, 나눗셈이 섞여 있는 식을 계산해볼까요	콘텐츠 활용 중심 수업	콘텐츠 학습 → 교과서 사진 촬영 업로드 → 교사 피드백	외부 영상 활용
덧셈, 뺄셈, 곱셈, 나눗셈이 섞여 있는 식을 계산해볼까요	콘텐츠 활용 중심 수업	콘텐츠 학습 → 교과서 사진 촬영 업로드 → 교사 피드백	외부 영상 활용
[도전 수학] 문제를 만들어볼까요	과제 수행 중심 수업	교과서 문제 풀이 → 학생 설명 영상 업로드 → 교사 피드백	교사 제작 영상
[얼마나 알고 있나요]	과제 수행 중심 수업	교과서 문제 풀이 → 학생 설명 영상 업로드 → 교사 피드백	교사 제작 영상
[탐구 수학] 계산기를 사용하여 계산해볼까요	과제 수행 중심 수업	교과서 문제 풀이 → 학생 설명 영상 업로드 → 교사 피드백	교사 제작 영상

드백하고, 문제 풀이에 어려움을 겪는 학생은 다른 학생의 설명을 듣고 문제를 풀 수 있다. 필요한 경우 문제 풀이 영상을 교사가 직접 제작하여 업로드한다.

콘텐츠 활용 중심 수업 프로그램

콘텐츠 활용 중심 수업을 운영하기 위해서는 학습 플랫폼을 선택해야 한다. 학년 또는 학교 선생님들과 협의하여 학습 플랫폼을 한

E학습터	Ebs 온라인 클래스

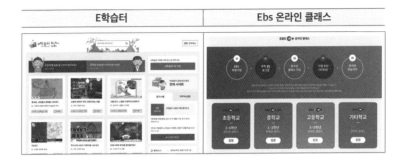

가지로 통일해 운영하는 것이 학생들이 가정 내에서 온라인 수업을 수강할 때 혼란을 겪지 않는다. 한 가정에 여러 아이가 있는 경우 혼란스러울 수 있기 때문이다.

과제 수행 중심 수업

과제 수행 중심 수업 단원 설계

과제 수행 중심 수업은 교사가 온라인으로 교과별 성취기준에 따라 학생의 자기주도적 학습 내용을 맥락적으로 확인 가능한 과제를 제시하고 피드백을 주는 수업이다. 한 교과의 전체 단원에 과제 수행 중심 수업을 적용하는 것보다는 콘텐츠 활용 중심 수업이나 실시간 쌍방향 수업과 같이 운영하는 것이 좋다.

과제 수행 중심 수업으로 5학년 국어 1단원 대화와 공감을 선택했다. 국어 교과는 준비 학습 → 기본 학습 → 실천학습으로 진행이 된다. 준비학습에서는 배경지식이나 경험을 활성화하고, 학습의 필요성이나 중요성을 인식한다. 또한 단원의 기초학습을 하게 된다. 기본학습에서는 단원 학습 목표 도달을 위한 지식, 기능, 태도 등을 학습한다. 실천학습에서는 기본 학습 내용의 심화, 확장, 실천을 위한 학습을 한다.

아래 표와 같이 준비학습은 콘텐츠 활용 중심 수업으로 설계했다. 준비학습인 '대화의 특성을 이해하기'는 e학습터나 EBS 온라인 클래스에 있는 콘텐츠로 학습을 하고 기본학습과 실천학습은 교사가 제작한 학습지를 해결하고 온라인에서 친구들과 이야기하며 학습한다. 과제 수행 중심 수업에서는 수업 후 교사의 피드백이 중요하다. 교사의 피드백 없이 넘어가는 경우 과제(학습지) 해결 중에 생긴 오개념을 바로잡아줄 수 없기 때문이다. 학생들의 학습 결과물을 온라인으로 수합하여 점검하는 단계가 중요하다.

e학습터와 교과서를 기본으로 학습하고 학습한 내용을 교과서나 공책에 정리하여 학습 후에 SNS에 업로드를 한다. 교사는 학생들의 학습 결과물을 보고 피드백을 준다.

과제 수행 중심 수업 프로그램

과제 수행 중심 수업을 위해서는 학생들과의 소통 창구가 필수적이다. e학습터의 게시판 기능을 활용해도 좋지만, 온라인 수업이 종

과제 수행 중심 수업

Aa 차시	⚙ 수업 방법	🎧 수업 흐름	+
대화의 특성을 이해할 수 있다	콘텐츠 활용 중심 수업	e학습터 영상 시청 → 교과서 기록 → (수업 후)교사 피드백	
상대가 잘한 일이나 상대의 장점을 찾아 칭찬할 수 있다	과제 수행 중심 수업	학습지 해결 → 댓글로 친구 칭찬하기 → (수업 후) 교사 피드백	
상대를 배려하며 조언할 수 있다	과제 수행 중심 수업	학습지 해결 → 조언 상황 제시 → 댓글로 조언하기 → (수업 후) 교사 피드백	
서로 공감하며 대화할 수 있다	과제 수행 중심 수업	학습지 해결 → 댓글로 공감하며 대화하기 → (수업 후) 교사 피드백	
친구들의 고민을 듣고 해결 방법을 제안할 수 있다	과제 수행 중심 수업	친구나 가족의 고민 듣고 해결방법 제안 과제 수행 → 교과서 기록 → (수업 후)교사 피드백	

료되고 학생들이 학교에 등교 이후 상황에서 활용도를 고려해 위두랑, 클래스팅 등 학급 SNS를 사용하는 것이 좋다.

나는 학생들에게 가장 익숙한 클래스팅을 선택했다. 학생들을 만나지 못한 상태에서 새로운 프로그램을 배우도록 하는 것이 부담스러웠기 때문이다. 또한 클래스팅에는 과제 기능이 있어 과제 수행 중심 수업을 운영하기에 적합하다.

온라인 수업을 위한 팁

온라인 수업 배움 공책

온라인 수업 시 학생들의 학습 기록을 공책에 작성하면 장점이 많다. 학생 스스로 공책을 작성하면서 온라인 수업에서 학습한 내용을 정리할 수 있고, 공책이 누적되면 학생 각자의 포트폴리오가 된다. 교사도 학생의 공책을 확인하고 온라인 학습을 통해 얼마나 배웠는지 점검할 수 있다.

클래스팅 과제 출제하기

선생님은 클래스팅의 과제 기능으로 과제를 낼 수 있다.

과제 제출하기

학생은 선생님이 낸 과제를 제출할 수 있다. 선생님은 과제 제출 현황을 파악하고 피드백할 수 있다.

온라인 수업을 받으면서 학생들이 기록하는 공책 양식이다. 학생들은 가정에서 공책에 아래와 같이 기록할 수 있다. 1교시부터 6교시까지 칸을 나누고 배운 내용을 한두 줄로 요약한다.

날짜: 2020년 4월 7일

교시	내용
1교시 과학	태양이 필요한 이유를 배웠다. 태양이 없으면 식물이 자라지 못한다고 한다. 태양은 정말 중요한 역할을 하고 있다.
2교시 수학	통분을 배웠는데 잘 이해가 가지 않는다. 선생님에게 질문해야겠다!
3교시 미술	나의 꿈을 담아 그리기 활동을 했다. 이쁘게 전시해야겠다.
4교시 도덕	사이버 세상에서 지켜야 할 규칙을 배웠다. 사이버 세상에서도 다른 사람에게 예의를 지켜야 한다.
5교시 체육	손 씻기의 중요성을 배웠다. 손만 잘 씻어도 여러 가지 병을 예방할 수 있다고 한다.
6교시 음악	단소를 처음으로 불어보았다. 소리가 잘 나지 않는다. 앞으로 열심히 연습해봐야겠다.

3줄 성찰 분수의 분모를 같게 하는 것을 통분이라고 한다. 너무 어려웠다. 앞으로 통분 공부를 많이 해야겠다.	자기평가 

아래 칸에는 그날 배운 내용을 점검할 수 있는 '3줄 성찰'과 '자기 평가'를 넣었다. 3줄 성찰은 배운 점, 느낀 점, 실천해야 할 점을 3줄로 작성하는 것이다. '자기 평가'에는 수레바퀴 평가 양식을 넣었는데, 온라인 수업에 참여한 정도, 이해한 정도, 집중한 정도에 따라 점을 찍고 선을 이으면 아래와 같이 삼각형이 나온다. 삼각형이 크면 클수록 온라인 수업에 열심히 참여한 것이고 작으면 열심히 참여하지 못한 것이다. 교사는 학생들의 공책 중 3줄 성찰과 자기 평가를 보고 부족한 부분을 피드백해 줄 수 있다.

온라인 수업을 위한 수업 영상 촬영

수업 영상을 찍는 것이 참 부담스럽다. 촬영용 카메라, 마이크, 조명 등도 전부 사야 할 것 같다. 하지만 그럴 필요 없다. 간단한 스마트폰 거치대만 하나 있으면 간단하게 찍을 수 있다. 7분짜리 수업 영상 제작에 10분이면 충분하다.

우선 책상에 거치대를 활용하여 스마트폰을 고정시킨다. 책상 위에는 설명할 교과서나 학습 교재를 올려놓는다. 이제 스마트폰 카메라 앱에서 영상 촬영을 시작하고 교과서를 설명한다. 설명할 때는 굵은 볼펜이 좋다. 얇은 연필
로 하는 경우에는 학생들이
영상의 글씨가 잘 보이지 않
는다고 할 때가 있다. 또, 영
상을 가로로 촬영해야 학생
들이 컴퓨터 화면에서 수업 영상을 넓은 화면으로 시청할 수 있다.

촬영한 영상은 밴드나 클래스팅 등 학급 SNS에 바로 업로드하면
된다. 혹시 용량 문제로 업로드되지 않는다면 유튜브 업로드 후 공
유 링크를 우리 반 SNS에 공유하는 것도 방법이다. 나의 수업을 유
튜브에 업로드하는 것이 부담스럽다면, 링크 받을 사람만 볼 수 있도
록 업로드 시 '미등록' 영상으로 설정하면 된다.

키워드로 정리한
찾아보기

이 도서의 국립중앙도서관 출판예정도서목록(CIP)은 서지정보유통지원시스템 홈페이지(http://seoji.nl.go.kr)와 국가자료종합목록 구축시스템(http://kolis-net.nl.go.kr)에서 이용하실 수 있습니다. (CIP제어번호 : CIP2020033931)

4차 산업혁명과 위드 코로나 시대의 새 교사 모델
넥스트 티쳐

초판 1쇄 발행	2020년 9월 4일
지은이	김택환
발행인	김병주
출판부문 대표	임종훈
주간	이하영
편집	신은정, 김준섭
디자인	블랙페퍼디자인
마케팅	박란희
펴낸 곳	(주)에듀니티
도서문의	070-4342-6110
일원화 구입처	031-407-6368 (주)태양서적
등록	2009년 1월 6일 제300-2011-51호
주소	서울특별시 종로구 인사동5길 29 태화빌딩 9층
출판 이메일	book@eduniety.net
홈페이지	www.eduniety.net
페이스북	www.facebook.com/eduniety
포스트	post.naver.com/eduniety

ⓒ 김택환, 2020
ISBN 979-11-6425-072-1 (13370)

문의하기   투고안내